Michael Ladwein

Leonardo
Das Abendmahl

Weltendrama und Erlösungstat

Pforte

Das Erscheinen dieses Werks wurde in dankenswerter Weise durch einen Druckkostenbeitrag von befreundeter Seite unterstützt.

Lektorat, Gestaltung und Realisierung:
Manfred Christ, Besigheim | www.scrivendi.de
Druck und Verarbeitung:
Greiserdruck, Rastatt

Printed in Germany
ISBN 3-85636-153-7

www.pforteverlag.com

Danksagung

Ein Buchmanuskript zu schreiben ist das eine. Dass aus diesem Manuskript jedoch ein reales Buch wird, dazu bedarf es gerade in unserer Zeit des (meist voneinander unabhängigen) Zusammenwirkens einer Anzahl von Menschen, die sich – in geistiger und/oder materieller Teilnahme – zu einem unsichtbaren Kreis um dieses Buch zusammenschließen. Ihnen allen sei hier gedankt. Zunächst den vielen Teilnehmern der seit Jahren stattfindenden Reisen zu Leonardos Abendmahl, die mir Gelegenheit gaben, die hier niedergelegten Beobachtungen und Gedanken zu entwickeln und zu vertiefen. Darüber hinaus seien namentlich genannt Franca Costantini (Mailand), Dr. Ursula Heinemann (Buchenbach), Renate Müller-Weymar (München), Lydia Stadler (München), Renate Vöhringer (Bremen), Rosalinde Weber-Hohengrund (Schwabach) sowie Manfred Christ, der auch diesmal die Mühen von Lektorat und Gestaltung nicht scheute und mit viel Einfühlung und mancherlei Anregung dieses Projekt über die Jahre hin begleitete. Besonders gedankt sei nicht zuletzt dem Pforte Verlag, der seine Pforten in sehr entgegenkommender Weise weit öffnete.
Gewidmet aber ist auch dieses Buch wieder meiner Frau Ulrike, der unermüdlichen Helferin.

Michael Ladwein

Inhalt

Entstehung, Verlust und Wiedergewinnung des Abendmahls

Das *Abendmahl* von Leonardo da Vinci entstand in einer Zeit großer Umbrüche, der Entdeckung neuer Ufer und Horizonte, zugleich aber auch größter Krisen und Gefährdungen des Christentums. Als Christoph Columbus 1492 Amerika erreichte, begann ein neues Zeitalter, gewissermaßen eine erste Globalisierung mit all ihren brutalen, zutiefst unchristlichen Begleiterscheinungen wie Sklaverei, Unterdrückung und Vernichtung fremder Völker und Kulturen. Die römische Kirche und ihre Führung waren unter dem Borgia-Papst Alexander VI. auf einen kaum zu unterschreitenden moralischen Tiefstand, auf die Stufe des heidnisch-dekadenten Cäsarentums gesunken. Die Einheitskirche drohte unter dem Einfluss reformistischer Strömungen zu zerfallen. In Spanien und von Spanien aus erhob sich immer stärker und mächtiger das Gespenst der Inquisition. 1491 wurde Ignatius von Loyola geboren, dessen Jesuitenorden wenige Jahrzehnte später sein trübes Werk der perfektionierten Knebelung des freien christlichen Geistes beginnen sollte.

Zur Signatur jener Zeit gehört es, dass Leonardo an der *Heiligen Anna Selbdritt* arbeitete, während »in Rom im besten Humanistenlatein der Hexenhammer geschrieben« wurde, wie Oswald Spengler bemerkt.[1] Doch in all diesem Niedergang hat die Kunst die ursprüngliche Botschaft des Christentums verkündet: insbesondere Leonardos *Abendmahl* im Süden und der zwei Jahrzehnte später entstandene *Isenheimer Altar* von Matthias Grünewald im Norden. Beide Spätfrüchte einer jahrhundertealten Klosterkultur tragen ihre Botschaft still, aber sichtbar weiter in eine damals wie heute ungewisse Zukunft.

Leonardos Bewerbung am Mailänder Hof

Es ist eine der größten Unwahrscheinlichkeiten, eine der gewaltigsten Paradoxien der Kulturgeschichte, dass Leonardos berühmtes Wandbild mit dem *Letzten Abendmahl* im ehemaligen Refektorium des Klosters Santa Maria delle Grazie zu Mailand überhaupt entstehen konnte und der Menschheit bis heute erhalten blieb.

Als sich Leonardo da Vinci im Jahre 1482 in einem Brief an den Herzog von Mailand, Ludovico Sforza, um eine Anstellung an dessen Hof bewarb, pries er sich in zunächst neun Absätzen mit folgenden – tatsächlichen oder vorgeblichen – Kenntnissen und Fertigkeiten an: Er habe Pläne für militärisch nutzbare transportable Brücken »und auch Pläne, um die des Feindes zu verbrennen und zu zerstören«. Er verfüge über »Verfahren, um alle Kastelle oder andere Bollwerke zu zerstören ...«, könne »Rammböcke, Sturmleitern und andere zu einem solchen Unternehmen gehörende Geräte machen«. Ferner habe er Ideen für Steinhagel-Schleudern, für Stollen und Geheimgänge (auch unter Flüssen hindurch), versichert weiter, er könne »unangreifbare gedeckte Wagen bauen, die mit ihren Geschützen durch die Reihen des Feindes

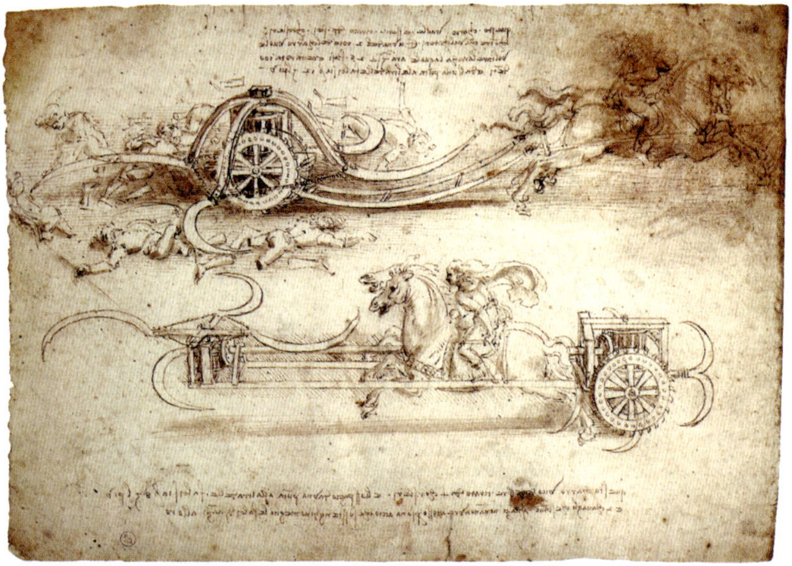

Abb. 1. *Sensenwagen.* Turin, Biblioteca Real.

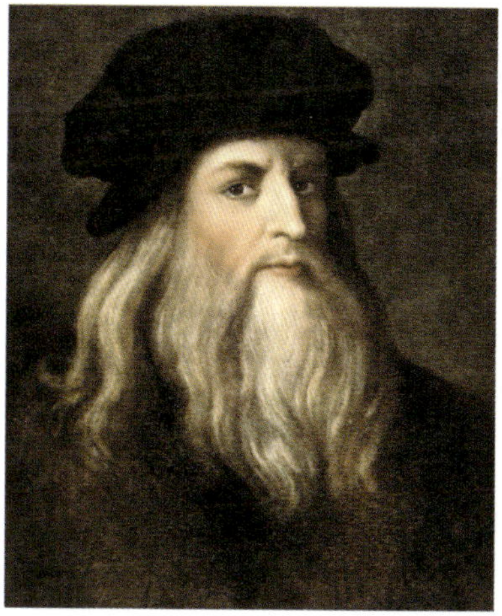

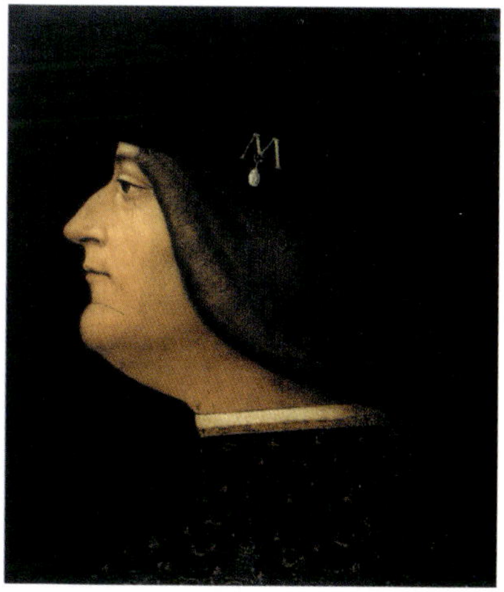

Abb. 2 (links). Anonymus, *Bildnis Leonardo da Vincis,* 17. Jahrhundert. Florenz, Galleria degli Uffizi.
Abb. 3 (rechts). Anonymus, *Ludovico Sforza,* Ende 15. Jahrhundert. Mailand, Privatbesitz.

fahren und jeden noch so großen Haufen von Bewaffneten zersprengen werden«. Auch könne er Bombarden, Mörser, Katapulte, Wurf- und Schleudermaschinen »und andere ungebräuchliche Geräte von wunderbarer Wirksamkeit« herstellen (Abb. 4). »Kurzum, ich werde je nach den verschiedenen Umständen allerlei verschiedene Angriffs- und Verteidigungsmaschinen bauen«, sogar für Seeschlachten.

Im zehnten und letzten Punkt kommt er schließlich auf seine Fähigkeiten »in Friedenszeiten« zu sprechen mit der Versicherung, er könne sich als Architekt von Profan- und Kirchenbauten mit jedem anderen messen. In einem Nachsatz erwähnt er unter ›ferner‹ auch noch seine Fähigkeiten als Bildhauer in Marmor, Erz und Ton und erst ganz zuletzt auch die als Maler.[2]

Tatsächlich hatte Leonardo zeitlebens die Malerei eher als Nebensache betrachtet. »Einer der ersten Maler der Welt verachtet jene Kunst, in der er einzigartig ist, er ersetzt sie durch das Erlernen einer Philosophie, in der er so fremdartige Gedanken und neue Chimären hat, dass er sie mit all seiner Malerei nicht malen könnte«, so lautete der Vorwurf des Humanisten Baldassare Castiglione, Raffaels Freund, an die Adresse Leonardos in seinem berühmten *Buch vom Hofmann.* Dagegen gibt es kaum ein Gebiet der Naturwissenschaft und Technik, über das Leonardo nicht, teilweise in grüblerischer Manier, nachgedacht hätte. Die

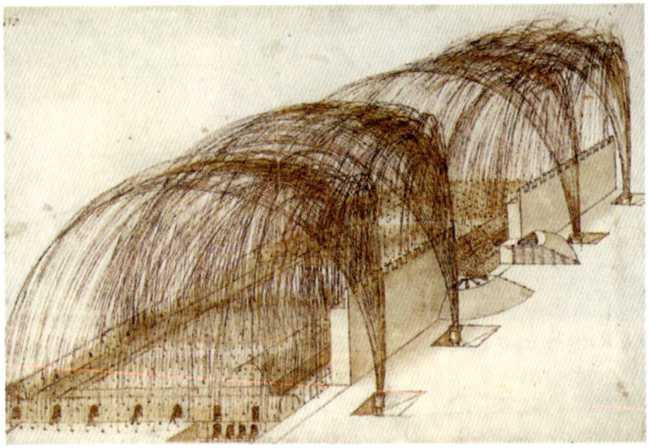
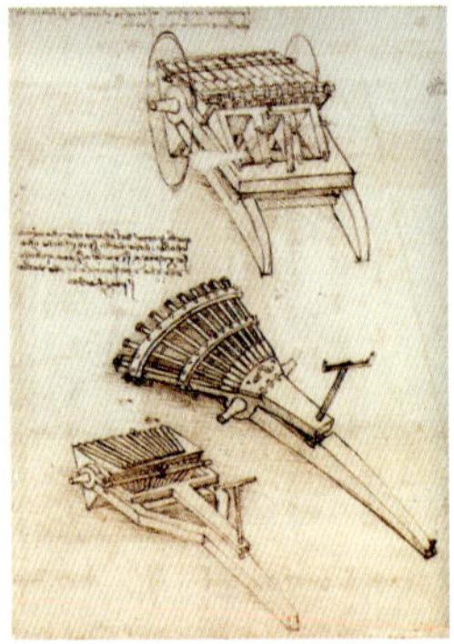

Abb. 4 (links). *Bombarden.* Windsor Castle, Royal Collection.
Abb. 5 (rechts). *Mehrfachgeschütz.* Mailand, Biblioteca Ambrosiana.

erhaltenen circa 7 000 von wahrscheinlich einst etwa 12 000 großen Blättern mit Aufzeichnungen, daneben etliche Notizbücher, geben Zeugnis von seinem stupenden enzyklopädischen Forscherdrang. Anatomie, Astronomie, Botanik, Hydraulik, Hydrodynamik, Flussregulierung, Vogelflug, Flugtechnik, Uhren, Mechanik (Getriebe, Gelenke, Übersetzungsmechanik, Kugellager et cetera), Geologie, Mineralogie, Paläontologie, Optik, Sinnesphysiologie, Mathematik, Geometrie – das sind im Wesentlichen die Bereiche, die seinen faustischen Geist lebenslang beschäftigten und in denen er auf gewissen Teilgebieten, etwa der Anatomie, der Hydraulik oder der Gelenkmechanik, seiner Zeit um Jahrhunderte voraus war.

Dabei kannte oder anerkannte er keine ethischen Grenzen. Einige Blätter machen deutlich, womit sich dieser Genius *auch* beschäftigte, von welchen Mächten er *auch* inspiriert war: Da sieht man mit nicht geringem Schrecken, ja mit tiefem Schaudern Entwurfszeichnungen etwa eines gepanzerten Kriegsgefährts in Form einer riesigen Assel, von gräulichen gigantischen, rotierenden Sicheln zum Niedermähen des Feindes (Abb. 1), eines ingeniösen Kanonenautomaten als Vorläufer der ›Stalinorgel‹ (Abb. 5) und weitere »grimmige Militaria«[3] dieser Art. Zum Heile der Menschheit ist damals noch nichts davon realisiert worden, vor allem mangels passenden Materials, der richtigen Antriebsmechanik, insbesondere aber der geeigneten Antriebsenergie.

Doch hat Leonardo mit diesen gezeichneten Gedankenspielen der in seiner wie in jedes Menschen Seele schlummernden Veranlagung zum

Bösen Gestalt gegeben und sie damit vielleicht schon gebannt. Jedenfalls war gerade dieser Künstler, der sich als Rüstungsingenieur bei einem typischen Renaissancedespoten bewarb, dazu berufen, jenes Gemälde zu schaffen, welches das christliche Mysterium am ergreifendsten zur Darstellung bringt: den in kaum zu erfassender Liebe zur Menschheit sich selbst opfernden Menschen- und Gottessohn – und das Mysterium des Bösen, den Verrat an diesem durch Judas.

Michelangelos und Raffaels Bestimmung war es, von wenigen Ausnahmen abgesehen, ihre Kunst im Machtzentrum der römisch-katholischen Kirche zu verwirklichen. Leonardos *Abendmahl,* diesem von der damaligen antikenberauschten Renaissancekultur des päpstlichen Rom denkbar weit entfernten Mysterienbild, blieb dieses Schicksal, wenn man so sagen darf, erspart.

Mailand – die historische und politische Situation

Mailand, der Erdenort dieses außergewöhnlichen Kunstwerks, hatte schon in der Frühzeit der Kirche eine bedeutende Rolle in den Geisteskämpfen jener Zeit gespielt. Nachdem das im Jahre 313 in der damaligen Mailänder Kaiserresidenz durch Kaiser Konstantin erlassene Toleranzedikt den Christen die Duldung ihres Glaubens zugesichert hatte, verteidigte im späteren 4. Jahrhundert der wenig duldsame Bischof Ambrosius die Orthodoxie gegen das hier residierende arianisch gesinnte Kaiserhaus, und sein Schüler Augustinus schwor hier endgültig dem Manichäismus ab.

Abb. 6. *Panoramaskizze und Plan von Mailand,* um 1497. Mailand, Biblioteca Ambrosiana.

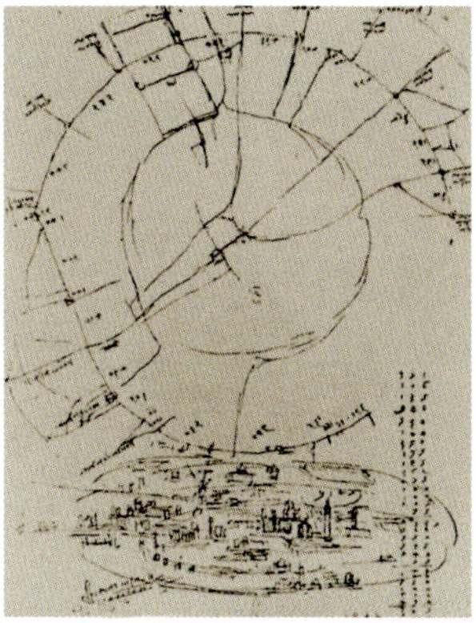

In den folgenden Jahrhunderten war Mailand mehrfach der Gefahr ausgesetzt, völlig von der Landkarte zu verschwinden. Die Stadt wurde des Öfteren erobert, geplündert, gebrandschatzt und zerstört, so 452 durch die Hunnen unter Attila, 539 durch die Goten, und 1161 wurde sie durch Kaiser Barbarossa fast vollständig dem Erdboden gleichgemacht. Im Mittelalter war die ganze Lombardei (die ihren Namen von den Langobarden hat, die das Land vom 6. bis 8. Jahrhundert beherrschten und tiefe kulturelle Spuren hinterließen) neben Südwestfrankreich ein Zentrum des Katharertums mit seinen dualistisch geprägten Glaubensvorstellungen. Zu dessen Bekämpfung gründete Dominikus seinen Orden, aus dem wenig später Albertus Magnus und Thomas von Aquin hervorgingen.

Für den Mailänder Dominikanerkonvent aber wurde das *Abendmahl* geschaffen. Der Auftraggeber, Ludovico Sforza, wegen seines dunklen Teints ›il moro‹ (der Mohr) genannt, war ein typischer Renaissancecharakter mit ausgeprägten Qualitäten in Gut und Böse. Er war der Bruder des am zweiten Weihnachtstag 1476 in der Kirche ermordeten Herzogs Galeazzo Maria Sforza, eines berüchtigten Wüstlings. Für dessen Sohn Giangaleazzo übernahm die Mutter zunächst die Regentschaft, doch wusste Ludovico im Jahre 1479 die Herrschaft an sich zu reißen, nicht ohne gewaltsame Beseitigung standhafter Gegner. Den jungen eigentlichen Thronfolger ließ er im Kastell unter Hausarrest mit Ausschweifungen aller Art bis zur Schwachsinnigkeit verkommen, bevor er ihn 1494 vergiften ließ. Bereits ein Jahr zuvor hatte seine Nichte Bianca Sforza den habsburgischen Kaiser Maximilian I. geheiratet. Ludovico war also mit dem römisch-deutschen Kaiserhaus verschwägert. Maximilian zögerte denn auch nicht, ihn höchst offiziell als Herzog von Mailand zu bestätigen.

Ludovico war jedoch auch ein bedeutender Förderer von Kunst und Wissenschaft. Zu seiner Regierungszeit stand die Universität von Pavia in höchster Blüte. Auch ließ er Bewässerungskanäle in der fruchtbaren Poebene anlegen, vergrößerte die Anbauflächen, führte die Seidenraupenzucht ein und steigerte so den Wohlstand in seinem Herrschaftsgebiet. Im Zusammenhang mit seiner offiziellen Herzogsernennung vergab er, zur Unterstreichung und Mehrung seines Ansehens, bedeutende architektonische und künstlerische Aufträge, darunter an Leonardo das *Reiterstandbild* für seinen Vater Francesco Sforza, das eigentlich als das zweite große Hauptwerk Leonardos betrachtet werden kann, dessen bereits für den Guss vorbereitetes Tonmodell jedoch von den französischen Soldaten zerstört wurde. Ein weiterer Auftrag war das *Abendmahl* für das Dominikanerkloster Santa Maria delle Grazie, dessen Kirche zugleich als Hofkirche fungierte und von niemand Geringerem als Bramante im damals neuen Renaissancestil umgestaltet wurde. Dazu gehörte auch – was oft übersehen wird – die Darstellung der fürstlichen Wappen und gemalter Waffen in den Zwickeln unterhalb der Decke, direkt über der Abendmahlsdarstellung.

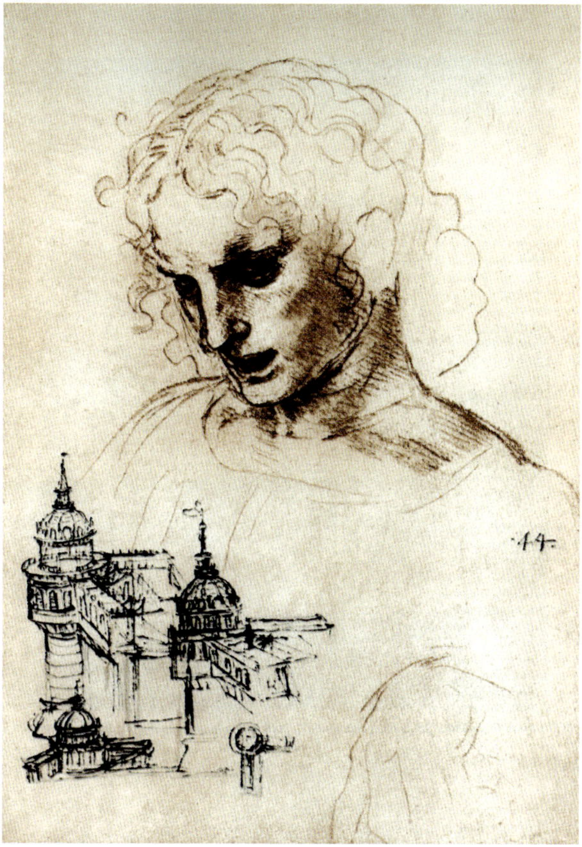

Abb. 7. *Skizzenblatt mit Jakobus dem Älteren und einer Architekturstudie (Castello Sforzesco)*, circa 1495. Windsor Castle, Royal Collection.

Nur für kurze Zeit konnte sich Ludovico seiner Herzogswürde erfreuen. Es sind eigenartigerweise ziemlich genau jene Jahre, in denen das *Abendmahl* entstand. Durch ungeschickte Politik provozierte er den Einmarsch der Franzosen unter König Ludwig XII. in sein Herzogtum. Mailand wurde 1499 erobert und Ludovico endete seine Tage in französischer Gefangenschaft.

Für Leonardo aber begann ab diesem Jahr ein bis an sein Lebensende währendes unstetes Wanderleben, das ihn zunächst nach Mantua, Venedig, Florenz und zeitweise wieder zurück nach Mailand führte, dann nach Rom und schließlich – wie auch Ludovico – nach Frankreich. In Venedig gab er mit seiner Helldunkel-Malerei der dortigen Malkunst entscheidende Impulse, in Florenz beteiligte er sich im Wettbewerb mit Michelangelo an der Ausmalung des großen Ratssaales und schuf mit der *Mona Lisa* sein neben dem *Abendmahl* wohl berühmtestes Werk. Mit diesem begründete er zugleich eine neue Bildgattung, die des Dreiviertel-Porträts, und revolutionierte damit die Porträtkunst. Außerdem entstand die ebenfalls völlig neuartige *Anna Selbdritt.* Raffael, der zu dieser Zeit auch in Florenz lebte, erhielt wesentliche Anstöße von diesen Werken. Zeitweilig trat Leonardo als Kriegsingenieur in die Dienste des schrecklichen Cesare Borgia und pflegte Umgang mit Niccolo Machiavelli. In Rom, wohin er Giuliano

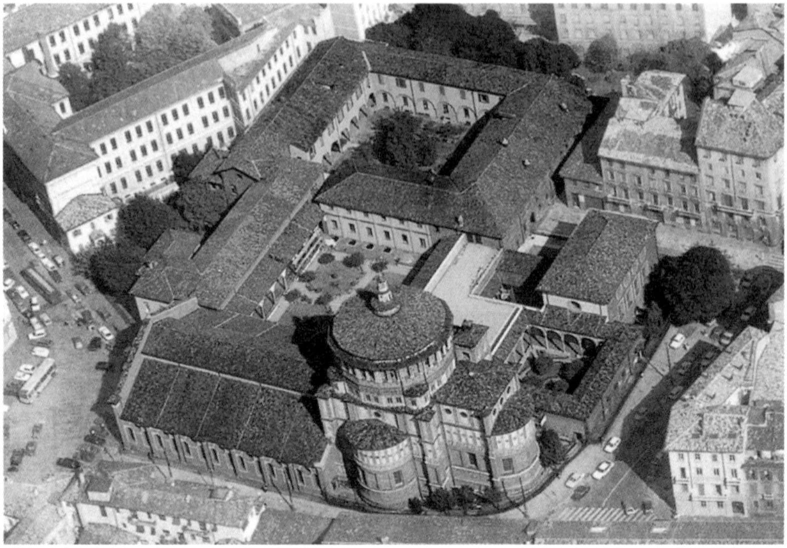

Abb. 8. Der Gebäudekomplex von Santa Maria delle Grazie in Mailand. Links vom großen Kreuzgang das Refektorium mit Leonardos *Abendmahl*.

Medici gefolgt war und wo dessen Bruder als Leo X. auf dem päpstlichen Thron saß, hatte man für ihn, anders als für den stark beschäftigten ›Hofkünstler‹ Raffael, keine Verwendung. So nahm er die Einladung des französischen Königs Franz I. an und folgte diesem nach Frankreich, wo er bis zu seinem Tode lebte. Leonardo ist der einzige der großen Künstler Italiens, der sein Grab in der Fremde fand. Auch sein großes Vermächtnis, sein Hauptwerk in Mailand, sollte nach dem Willen der französischen Könige Ludwig XII. und Franz I. ins französische Exil verschleppt werden. Diese Gewalttat scheiterte an den unüberwindlichen technischen Schwierigkeiten. Und doch begann schon in jenen Jahren die lange Leidensgeschichte des Bildes.

Fortschreitende Zerstörung und erfolgreiche Restaurierung des Abendmahls

Schon wenige Jahre nach seiner Vollendung, noch zu Lebzeiten Leonardos, zeigten sich am Gemälde die ersten Spuren der Zerstörung. Bereits 1517, kaum zwei Jahrzehnte nach Vollendung des Bildes und zwei Jahre vor Leonardos Tod, klagte Antonio de Beatis, das Wandbild sei »nur noch ein Schatten«.[4] Ein halbes Jahrhundert später bezeichnete Giorgio Vasari das Werk als ein »Gewirr von Flecken«,[5] was aber sicher rhetorisch stark übertrieben war. Denn in einer ganzen Reihe von überlieferten schriftlichen Erwähnungen des Werkes wird es mit den Worten »ein Wunder« oder »wundersam« beschrieben. Peter Paul Rubens, einer der größten Bewunderer Leonardos und des *Abendmahls,* hält es auf Grund der Vollkommenheit des Bildwerkes für »unmöglich, [...] darüber würdig genug zu sprechen«.[6]

Im 18. Jahrhundert begann die Reihe der verhängnisvollen Restaurierungen. Und darunter verstand man vor Beginn des 20. Jahrhunderts nichts anderes als so genannte wiederherstellende Übermalungen. Allerdings hatten die Mönche bereits im 16. Jahrhundert eine Tür unterhalb des Wandbildes durchgebrochen und es dadurch teilweise zerstört, wie überhaupt die offenbar mangelnde Wertschätzung der Besitzer dem Bilde auch auf andere Weise zusetzte, vor allem durch Staub und Feuchtigkeit. Auch Salpeterfraß breitete sich aus. Napoleons Truppen fügten dem Werk während der Besetzung Mailands in mutwilliger Weise weiteren Schaden zu. Vielleicht könnte man unter diesem Gesichtspunkt die zuvor erfolgten Übermalungen sogar als das kleinere Übel betrachten, denn diese bildeten nämlich eine Art Schutzschicht für die noch vorhandene originale Malerei Leonardos. Noch im 20. Jahrhundert war man mehrfach um die Rettung des Werkes bemüht, so 1903 bis 1908 und 1924, oft mit unzureichenden oder gar falschen Mitteln.

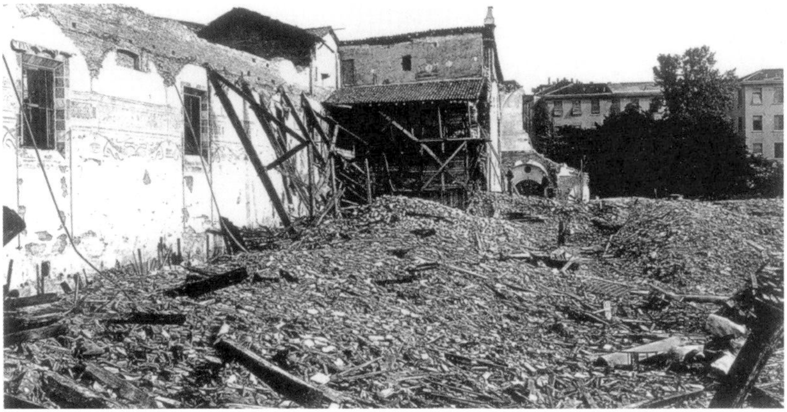

Abb. 9. Das Refektorium von Santa Maria delle Grazie nach dem Luftangriff vom 16. August 1943. Die durch Sandsäcke geschützte Westwand mit dem *Abendmahl* blieb weit gehend unzerstört.

Dann aber kam der 16. August 1943, jener Tag, an dem dieses bedeutendste Kunstwerk der Erde, insofern es nämlich, nach Rudolf Steiner, den »Sinn der Erde erkennen« lässt,[7] um Haaresbreite gänzlich von dieser Erde verschwunden wäre. Eine Fliegerbombe der angloamerikanischen Alliierten zerstörte das Refektorium von Santa Maria delle Grazie nahezu vollständig. Die das *Abendmahl* tragende Wand, durch Sandsäcke vorsorglich geschützt (siehe Abb. 9 und 74), hielt jedoch wie durch ein Wunder stand. Das Refektorium wurde wieder aufgebaut und 1951 bis 1953 erfolgte eine neue und – wie sich bald zeigte – ungenügende Restaurierungskampagne.

Die zunehmende Luftverschmutzung und die Erschütterungen durch den Straßenverkehr setzten dem Bild weiter zu. So ergab sich denn bald die Notwendigkeit einer grundsätzlichen und vollständigen Restaurierung, bei der neueste Erkenntnisse und Techniken zur Anwendung kamen. Im Jahre 1977 war es dann so weit! Unter der Leitung der erfahrenen Restauratorin Pinin Brambilla Barcilon wurden in zwanzigjähriger, äußerst akribischer, mühseliger (und nicht zuletzt sehr kostspieliger) Arbeit die alten Farb- und Leimschichten entfernt und die originale Malschicht Leonardos – soweit sie noch vorhanden war – wieder freigelegt. Nur dort, wo diese nicht mehr nachweisbar war, insbesondere auf der linken Seite des Bildes, beließ man die frühesten Übermalungen. Die nackten Wandflächen zwischen den Farbflecken wurden mit neutraler Aquarellfarbe ausgefüllt.

Das Ergebnis ist überwältigend. Fast überall hat man unter den dicken Übermalungsschichten der letzten Jahrhunderte Leonardos Pinselstrich wiederentdeckt. Zahlreiche Verfälschungen konnten rückgängig gemacht werden, so die viel zu niedrige Stirn des Petrus, die eigentlich eine Verkürzung ist durch die leichte Schräghaltung des Kopfes, oder die Gesichtszüge des Andreas, die nun wieder das ursprüngliche Erstaunen des Greises zeigen statt der bisherigen mürrischen Feindseligkeit. Besonders hat auch das Gesicht des Philippus (Abb. 58) durch die Restaurierung gewonnen; es zeigt jetzt wieder seine ganze dahinschmelzende seelische Hingabe. Ähnliches lässt sich von dem hinreißend traumumfangenen Antlitz des Johannes (Abb. 56) sagen. Vor allem aber wurde die Profil-

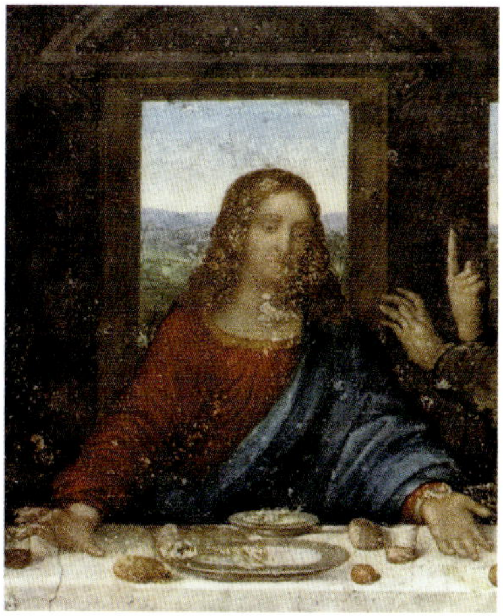

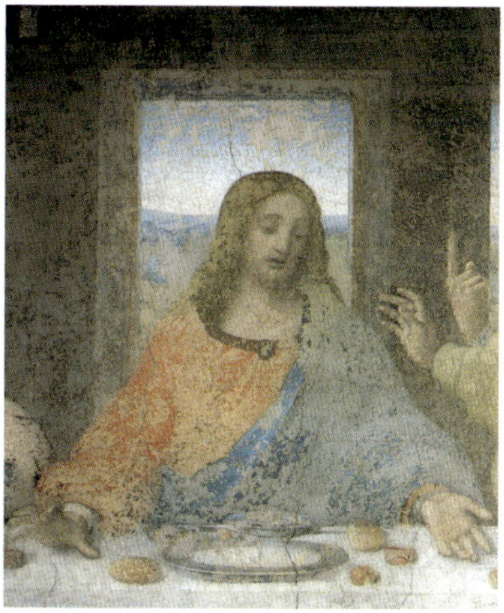

Abb. 10 und 11. Zentraler Bildausschnitt des *Abendmahls* vor der 1999 abgeschlossenen Restaurierung (links) und danach (rechts).

ansicht des Judaskopfes (eine besonders dreiste Verfälschung früherer Übermaler) wieder in das wesentlich ausdrucksvollere ›verlorene Profil‹ zurückversetzt (siehe Abb. 36 und 37).

Darüber hinaus entdeckte man mancherlei Details wieder, etwa die linke Hand des Thomas, einen Teller mit Orangenscheiben, die Türen an den Seitenwänden des Raumhintergrundes und einiges mehr. Doch für die Gesamtwirkung wesentlich ist die durch die letzte Restaurierung wiedergewonnene, für Leonardo spezifische Helldunkel-Malerei (chiaroscuro), wodurch zum ersten Mal seit dem frühen 16. Jahrhundert die plastischen Werte in Gesichtern und Hautpartien wieder zum Vorschein kommen. »Die neue Restaurierung lässt wieder Luft fließen um die Figuren, zwischen ihnen und dem gemalten Raum sowie zwischen dem Gemälde und dem realen Raum des Refektoriums« (Pietro C. Marani).[8]

Es befindet sich jetzt deutlich weniger Farbe an der Wand, dafür ist aber umso mehr ›originaler Leonardo‹ zu sehen – so viel wie seit Jahrhunderten nicht mehr. Das Bild ist jetzt leuchtender, immaterieller, ›ätherischer‹ geworden. Das Weniger an Farbmaterie gibt dem Betrachter die Möglichkeit, das Werk durch eigene geistige Tätigkeit jeweils für sich zu vervollständigen und so in sich selbst die ihm zugrunde liegende Idee zu imaginieren.

Der größte Gewinn ist das Antlitz des Christus (siehe Abb. 10 und 11). Nach Wegnahme der Übermalungen offenbart es eine bisher nicht gekannte Ausdruckstiefe, die den Gegensatz zu Judas – und auf diese Polarität kommt es hier vor allem an – sowie das gesamte sich hier abspielende Weltendrama, auf das Rudolf Steiner hingewiesen hat, auf ergreifende Weise zum Erleben bringen kann. Leonardo hat nicht einfach einen Auftrag erledigt. Er hat sich in diesem Werk mit den tiefsten Geheimnissen der Sendung Christi auseinander gesetzt.

Die christliche Kunst hat viele unsterbliche Meisterwerke aufzuweisen, doch weder das Westportal von Chartres noch die Mosaiken von Ravenna, weder Michelangelos Deckenmalerei in der Sixtinischen Kapelle noch Raffaels Fresken in der Stanza della Segnatura im Vatikan können je für sich das aussagen, was Leonardos *Abendmahl* aussagen kann: worum »es sich auf der Erde handelt« (Rudolf Steiner).[9] So darf man tief dankbar sein für die Wiedergewinnung dieses Bildes und seine Hinüberrettung ins neue Jahrtausend.

Die Motivgeschichte des Abendmahls und ihre Fortführung bei Leonardo

Die früheste christliche Kunst kennt keine Darstellung des Letzten Abendmahls Christi mit den Aposteln. Dies hat seinen Grund in der Scheu der ersten Christen, alles, was mit der Passion Christi zusammenhängt – und das Gründonnerstagsgeschehen mit dem Letzten Mahl ist deren Beginn – im Bilde darzustellen.

In den Malereien der Katakomben und in der frühchristlichen Sarkophagkunst begegnet man den Wundertaten Christi, seiner Darstellung als Lehrer inmitten der Apostel oder seiner Gestaltwerdung als einer der antiken Götter, etwa als Hermes (Guter Hirte), Orpheus, Dionysos oder Helios beziehungsweise Apollo,[1] in denen für die frühen Christen die Epiphanie des Gottessohnes vorgeprägt war. Dabei wurde das griechisch-antike Bildprogramm mit christlichen Elementen verschmolzen. Weitere Motive sind die Gestalten und Ereignisse des Alten Testamentes, die während der Verfolgungszeit an die Standhaftigkeit der Christen appellierten (die drei Jünglinge im Feuerofen, die keusche Susanna et cetera).

Größte Zurückhaltung übte man jedoch bei der Darstellung der zentralen Ereignisse wie der Einsetzung der Eucharistie, der Leidensgeschichte, aber auch der Auferstehung. Wenn sich daher in den Katakomben Malereien von einem heiligen Mahl mit Brot und Fischen finden, stellvertretend begangen von sieben Personen, so handelt es sich nicht um eine historische Darstellung des Letzten Abendmahles Christi mit den zwölf Aposteln, sondern um eine Wiedergabe des in den unterirdischen Räumen gefeierten eucharistischen Liebesmahles in Gemeinschaft mit den Verstorbenen, dem durch die Wandmalerei ständige Präsenz verliehen werden sollte im ewigen Dunkel des Totenreichs der Katakomben (Abb. 12).

Beginn der Bildtradition

Die erste Darstellung, die sich auf das Letzte Abendmahl Christi bezieht, findet sich auf einem Mosaik der Kirche Sant' Apollinare Nuovo in Ravenna (Abb. 13), das aus dem 6. Jahrhundert stammt. Nach antiker griechisch-römischer Sitte liegt Christus mit den zwölf Aposteln zu Tisch und ist als Hauptperson vorne am linken Kopfende der Tafel in ganzer Gestalt dargestellt. Auf dem Tisch, um den die Apostel halbkreisförmig angeordnet sind, befinden sich Fische, die zwar nicht wie das Passahlamm zur eigentlichen Abendmahlspeise gehören, aber als frühchristliches Symbol auf Christus verweisen.

Bereits hier ist der zentrale Bildinhalt die Verratsankündigung, jener Augenblick, in dem Christus spricht: »Amen, ich sage euch: Einer von euch wird mich verraten.« Seine im Sprechgestus erhobene Hand deutet auf Judas, der als weitere Hauptperson ihm gegenüber, am anderen Tischende, in abgewandter Stellung liegt. Einige der Apostel blicken Christus mit großen Augen an, die meisten aber haben ihren Kopf Judas zugewandt und heften ihre eindrücklichen, vorwurfsvollen Blicke auf diesen. Auch die Hand des Christus unmittelbar benachbarten Petrus deutet auf Judas. »In dem heilig-schönen Abendmahlsmosaik aus der Kirche Sant' Apollinare Nuovo ist das Bild von der Tafelrunde des Sakramentes aus den unterirdischen Räumen der Katakomben emporgestiegen und bietet nun der menschheitlichen Kunstentwicklung bis zu dem großen Abendmahlsbilde des Lionardo da Vinci hin einen der größten Gegenstände dar« (Emil Bock, Robert Goebel).[2]

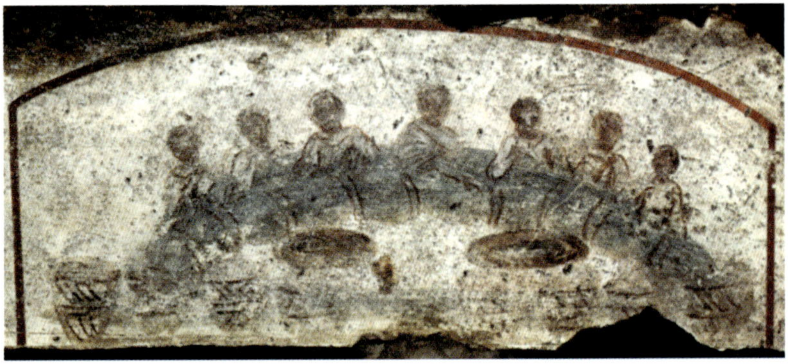

Abb. 12. *Liebesmahl zum Andenken an die Toten,* 3. Jahrhundert. Rom, Callixtus-Katakombe.

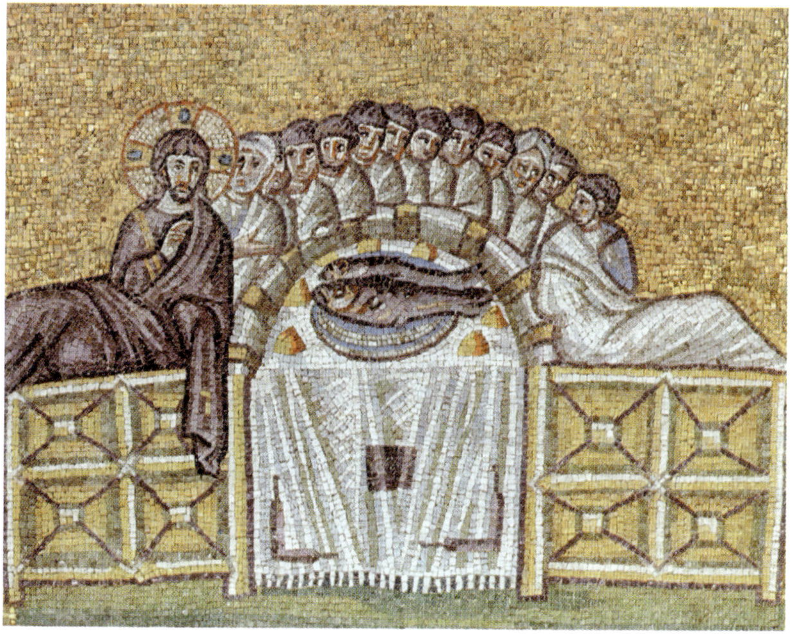

Abb. 13. ***Abendmahl,*** **Mosaik, frühes 6. Jahrhundert. Ravenna, Sant' Apollinare Nuovo.**

Dieses Mosaik ist das erste und zugleich letzte künstlerisch bedeutende Abendmahlsbild des antiken Typus[3] und bildete den Auftakt zu einer langen, reichen und vielgestaltigen Tradition der Abendmahlsdarstellungen in der abendländischen Kunst.

Mittelalter und beginnende Neuzeit

Die mittelalterlichen Beispiele zeigen bis auf wenige Ausnahmen die Abendmahlsgesellschaft um einen runden oder eckigen Tisch herum gruppiert. Auch hier ist Judas, diese hintergründige Gestalt, die von allen zwölfen die geheimnisvollste Rolle im Mysteriendrama der Passion Christi zu spielen hat, mehr oder weniger deutlich als Verräter ausgewiesen. Für seine unzweifelhafte Kennzeichnung hat man in zahlreichen Fällen auf die präzisierte Verratsankündigung Christi zurückgegriffen, bei der auf Rückfrage der Apostel die Identität des verräterischen Bösewichts preisgegeben wird: Jener sei es, dem er den Bissen gebe beziehungsweise mit dem er die Hand in die Schüssel tauche.[4]

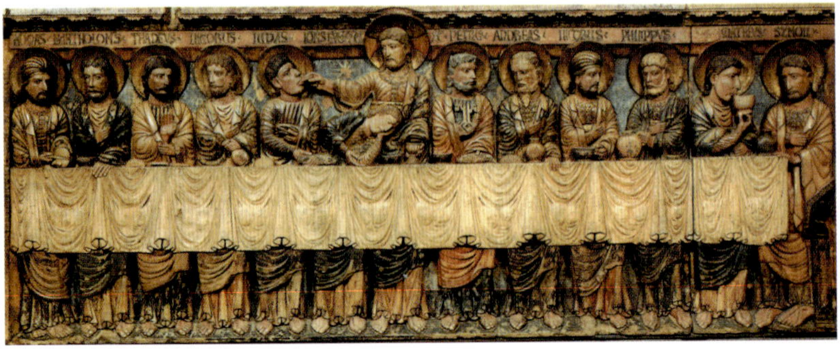

Abb. 14. Anselmo da Campione, *Abendmahl,* um 1185. Modena, Kathedrale.

Im 11. Jahrhundert tritt dann ein neues Motiv auf, das von nun an ein fester Bestandteil der meisten Abendmahlsdarstellungen wird: der an der Brust Christi ruhende Lieblingsjünger. Das älteste bekannte Beispiel dafür ist ein Relief der Bronzetür von San Zeno in Verona (Abb. 15), das eine weitere Epoche machende Neuerung einführt: den geraden Tisch, der Judas auf der Betrachterseite von Christus und den Aposteln (in diesem Beispiel aus Platzgründen nur sieben) absondert.

Die Entwicklung verläuft jedoch nicht geradlinig. Judas kann auch hinter der langen Tafel in die Reihe der Apostel integriert (Abb. 14), aber durch den Empfang des durch Christus gereichten Bissens eindeutig bezeichnet sein. Auch besteht die Gruppierung in Form einer ›Tafelrunde‹ weiter, vor allem in Norditalien (Abb. 16) und im Bereich der niederländisch-deutschen Kunst.

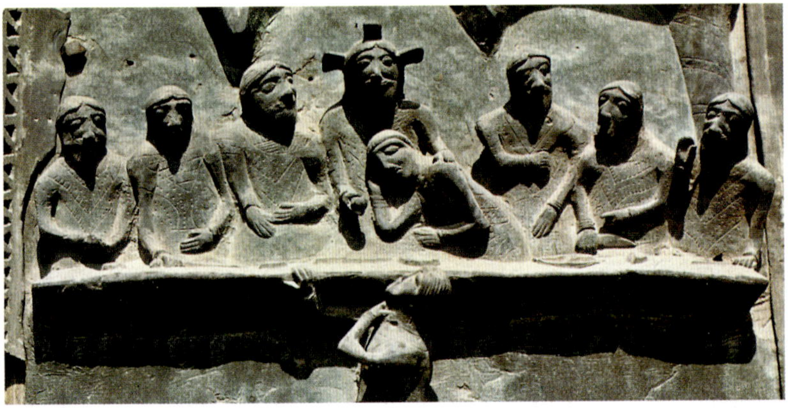

Abb. 15. *Abendmahl,* Ende 11. Jahrhundert. Verona, San Zeno.

Im 14. Jahrhundert malt der Giotto-Nachfolger Taddeo Gaddi, das Motiv der langen Tafel aufgreifend, ein Abendmahl an die Stirnwand eines Klosterrefektoriums (Abb. 19), jenes des Franziskanerklosters Santa Croce zu Florenz, und begründet damit eine neue Tradition.[5] In der Folge entstehen die bedeutendsten Abendmahlsdarstellungen vor allem für die Wände der Klosterrefektorien, wo sie als ›Vor-Bild‹ dem täglichen Mahl der Mönche eine hohe Würde verleihen sollen.

Wandel und Tradition seit der Frührenaissance

Die Florentiner Frührenaissance des 15. Jahrhunderts bringt hinsichtlich der Bildkonzeption nichts wesentlich Neues hervor. Im Grunde sorgt sie nur für die dekorative Ausgestaltung des Themas. Domenico Ghirlandaios Gestaltungen des Themas in den Florentiner Refektorien von Ognissanti und San Marco (Abb. 20) sowie diejenige Andrea del Castagnos von Santa Apollonia oder Pietro Peruginos in Sant' Onofrio – auch diese in Florenz – zeigen eine ganz undramatische, fast meditative Stille und Unbewegtheit der isolierten und parataktisch aufgereihten Apostelgestalten. Hierin fallen sie hinter die bei Gaddi schon erreichte, sich im Gebärdenspiel äußernde seelische Bewegtheit zurück. Auch der architektonische Rahmen dieser Beispiele, eine überschaubare, ruhige Situation mit einem unmittelbar vor die Wand gerückten Tisch, unterstützt wesentlich diesen statischen Gesamteindruck.

Abb. 16 (links). Vitale da Bologna, *Abendmahl,* um 1315. Abteikirche von Pomposa.
Abb. 17 (rechts). Giotto, *Abendmahl,* um 1305. Padua, Cappella degli Scrovegni.

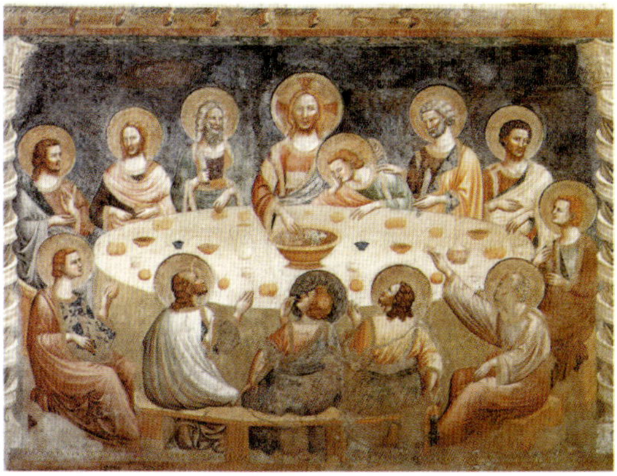

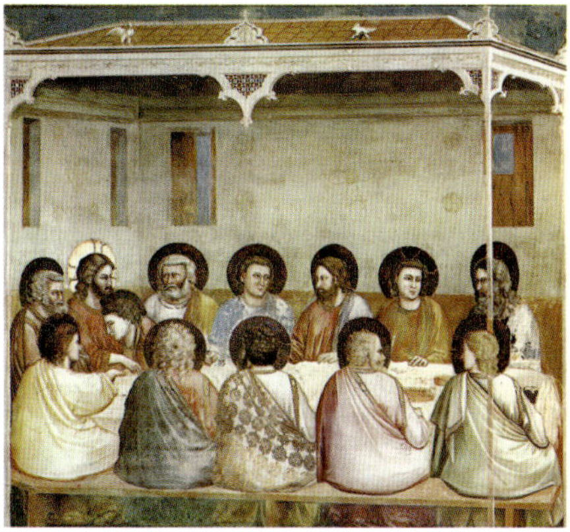

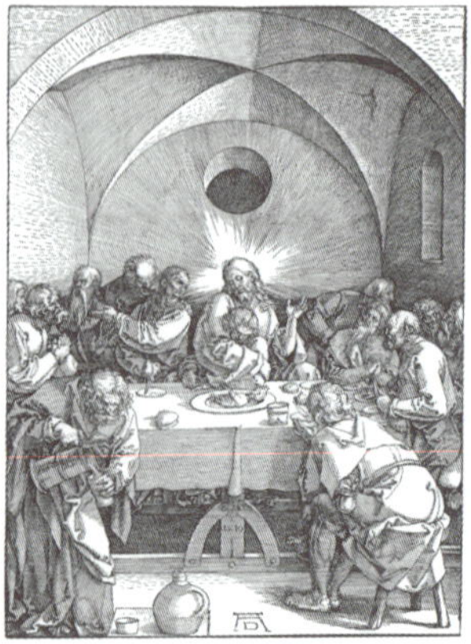

Abb. 18. Albrecht Dürer, *Abendmahl*, 1518.

Leonardo knüpft in seinem Mailänder *Abendmahl* wieder an Gaddi an, dem ein Jahrhundert älteren Vorgänger, dessen Bedeutung auch Goethe erkannt und gepriesen hat.[6] Vor die Aufgabe gestellt, die gesamte Stirnwand eines Refektoriums mit der Darstellung des Letzten Abendmahls Christi zu versehen, wählt er nach dem Vorbild Taddeo Gaddis das Motiv der lang gestreckten Tafel – und hatte auch gar keine andere Wahl, denn eine Tafel*runde*, einerlei, ob sie sich um einen eckigen oder runden Tisch gruppiert, ist aus künstlerischen, ja schon aus rein konstruktiven Gründen in dieser Größenordnung unmöglich, da sich die Apostelgruppe weit in die Tiefe des perspektivischen Bildraums ausdehnen müsste und dabei eine nicht erwünschte Monumentalität annehmen würde. Leonardo war, wie schon seine Vorgänger, weise genug, das künstlerisch Gebotene nicht infrage zu stellen. Doch zeigt sich der überragende Genius Leonardos gerade darin, wie er innerhalb dieses vorgegebenen Rahmens zu einer alles Bisherige transformierenden, einzigartigen Formulierung des Themas gelangt und dabei weit über seine Vorläufer hinausgeht.

Leonardos vorbereitende Studien und Entwürfe

Leonardos Beschäftigung mit der Thematik des Abendmahls lässt sich bis ins Jahr 1481 zurückverfolgen. Zu diesem Zeitpunkt schuf er in Florenz seine *Anbetung der Könige*, jenes Werk, das erstmals seelische Bewegung in komplexem Mienen- und Gebärdenspiel zum Ausdruck brachte und in dieser Hinsicht als Vorläufer des *Abendmahls* gelten kann. Auf der

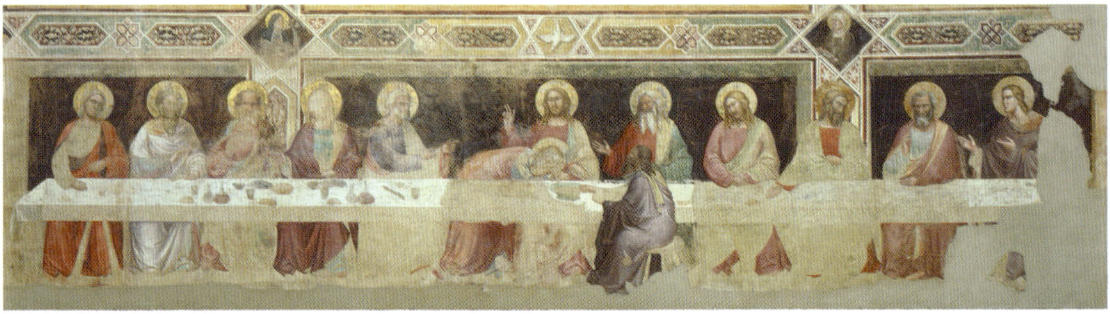

Abb. 19. Taddeo Gaddi, *Abendmahl*, circa 1330–1340. Florenz, Santa Croce.

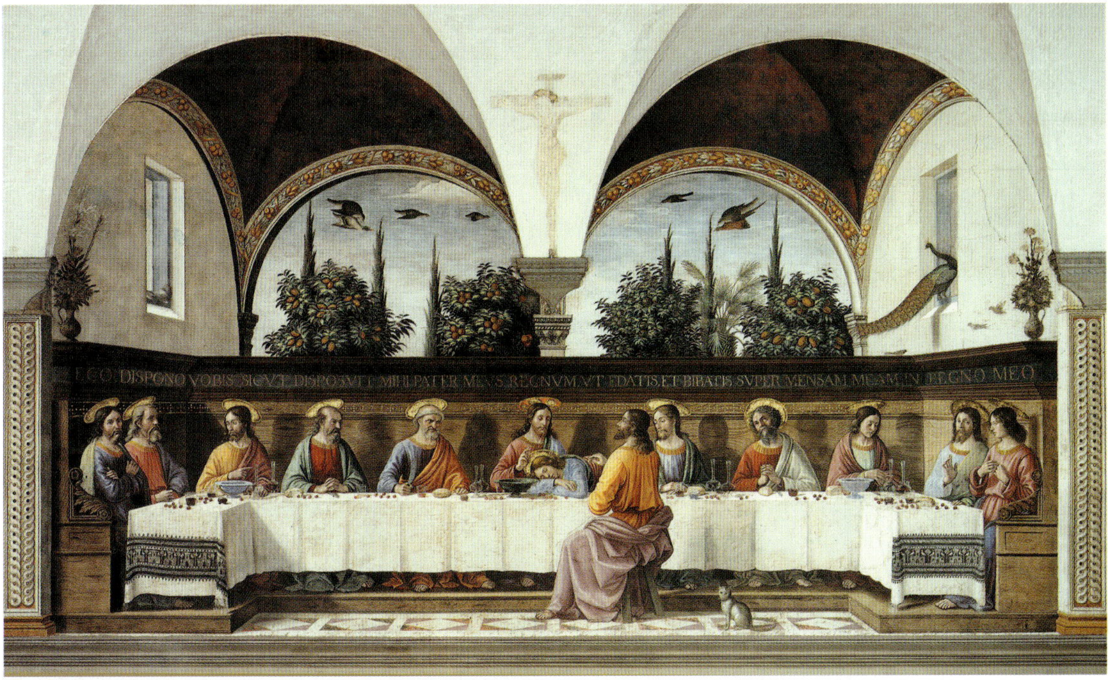

Abb. 20. Domenico Ghirlandaio, *Abendmahl,* um 1480. Florenz, San Marco.

Rückseite einer Studie zu diesem Bild skizzierte er mehrere Gestalten, die in intensivem Gespräch an einem Tisch gruppiert sind (Abb. 23).

Leonardo kannte mit Sicherheit die Abendmahlsgestaltungen Castagnos und Ghirlandaios sowie die bereits Mitte des 14. Jahrhunderts entstandene des Giotto-Schülers Taddeo Gaddi. Es fällt nicht allzu schwer, sich in den Künstler hineinzuversetzen, der angesichts dieser statischen, ›eingefrorenen‹ Darstellungen eines in Wirklichkeit hochdramatischen Geschehens den Drang verspürte, eine eigene Bildauffassung zu entwickeln (siehe Abb. 24 und 25). Wenige Jahre später, nachdem Leonardo den Auftrag für das Wandbild im Refektorium von Santa Maria delle Grazie in Mailand erhalten hatte, begann er, seine Ideen zu konkretisieren, und das konnte für ihn nur eine völlig neuartige, noch nie da gewesene Formulierung bedeuten.

Wie aus seinen Zeichnungen hervorgeht, orientierte sich Leonardo bei der Anordnung der Apostel zunächst am zumindest in Florenz her-

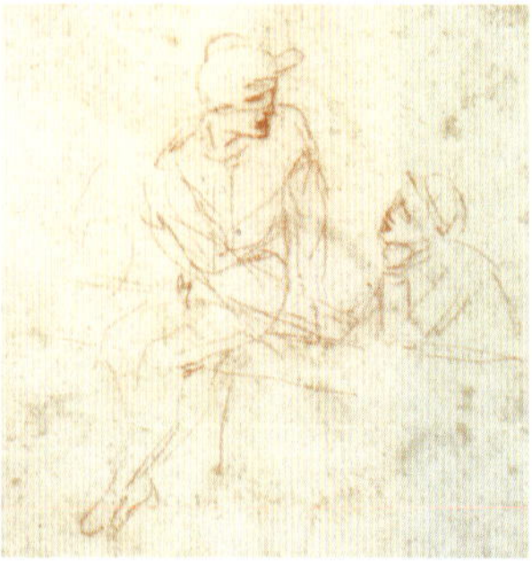

Abb. 21. *Figurenstudie*. Windsor Castle, Royal Collection.

kömmlichen Schema, isolierte Judas diesseits der Tafel von der übrigen Abendmahlsgesellschaft und gab Johannes schlafend mit dem Kopf auf dem Tisch zur Linken Christi wieder (Abb. 26). Die Zeichnung in Venedig wird von den meisten Forschern heute allerdings nicht mehr als eigenhändig betrachtet, sondern als Kopie einer verloren gegangenen Zeichnung Leonardos. Überhaupt ist zu beachten, dass der Bestand der erhaltenen vorbereitenden Skizzen durchaus fragmentarisch ist und somit keine lückenlose Entwicklungslinie bei der Ausformulierung des Abendmahlsmotivs verfolgt werden kann. Immerhin sind eine Anzahl von Detailstudien erhalten, die jedoch nicht alle für die endgültige Fassung berücksichtigt wurden. Sie offenbaren jedoch, wie die suggestive Wirkung und packende Schönheit dieses monumentalen Werkes nicht zuletzt auf der überzeugenden Lebensnähe jeder Einzelheit beruht.

Physiognomische Studien und die Bedeutung der menschlichen Anatomie

Leonardo da Vinci hat, wie zahlreiche Aufzeichnungen und Skizzen von seiner Hand, aber auch Berichte von Zeitgenossen belegen, intensive physiognomische, Ausdrucks- und Gebärdenstudien betrieben. Die hieraus gewonnenen psychologisch-künstlerischen Erkenntnisse, die er in seinem *Traktat von der Malerei* festgehalten hat,[7] finden sich in ihrer künstlerischen Ausgestaltung in evidenter Weise im *Abendmahl* wieder, wo Leonardo sich um größte Mannigfaltigkeit bei der Darstellung der Personen vor allem hinsichtlich ihrer Gebärden bemühte.

Abb. 22. *Anatomische Studien*, um 1510. Windsor Castle, Royal Collection.

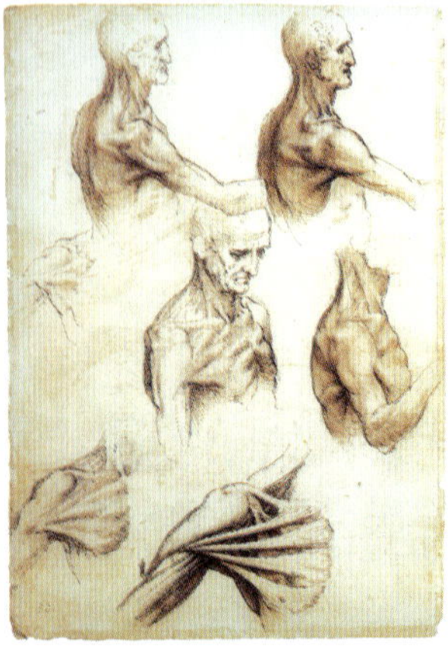

Zu Leonardos Forschungstätigkeit gehörte auch das Sezieren von Leichen – eine zu seiner Zeit noch durchaus ungewöhnliche, von der Kirche mit Misstrauen verfolgte und dann auch verbotene Handlung. Eine ganze Reihe äußerst präziser anatomischer Zeichnungen (siehe Abb. 22) legen Zeugnis von Leonardos Betätigung auf diesem Gebiet ab.

Zwischen diesen anatomischen Studien am Leichnam und dem besonderen Interesse Leonardos an der Darstellung der bewegten Glieder und des Gebärdenausdrucks besteht eine enge Verbindung. Anders als die meisten Künstler seiner Zeit war Leonardo (wie auch Michelangelo, der ebenfalls Leichen sezierte) durch die genaue Kenntnis der

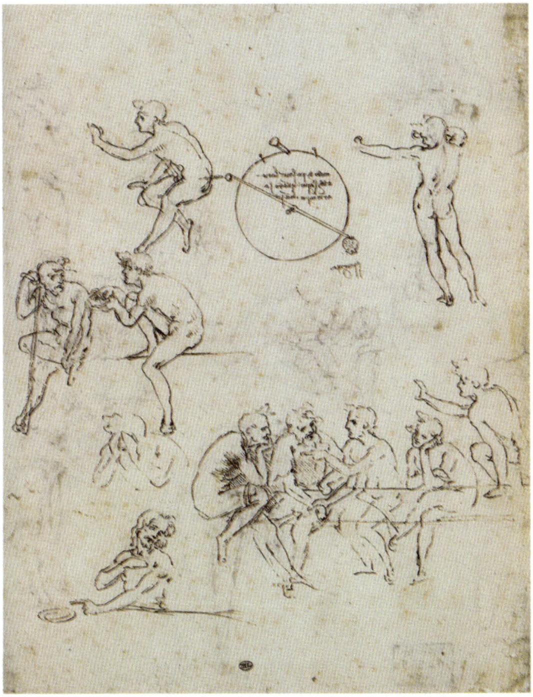

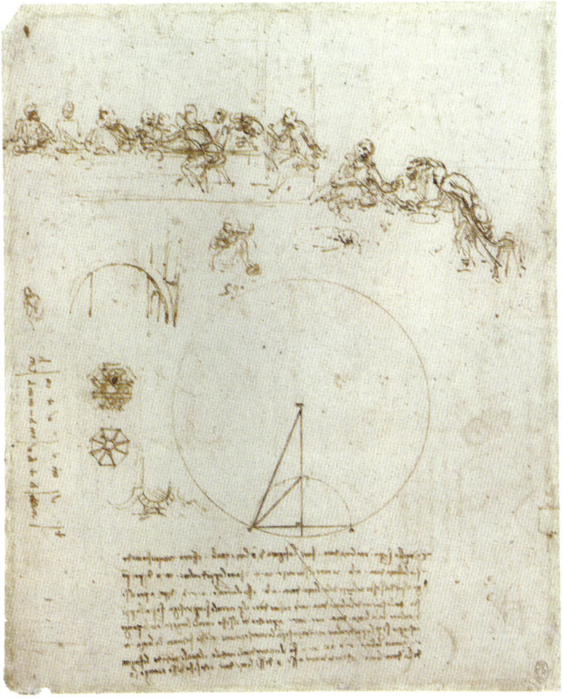

Abb. 23 (links). ***Skizzenblatt mit Figurenstudie,*** **1480–1481. Paris, Musée du Louvre.**
Abb. 24 (rechts). ***Skizzenblatt mit Vorstudie zum Abendmahl,*** **circa 1490–1494. Windsor Castle, Royal Collection.**

Anordnung und Funktion von Knochen, Muskeln und Sehnen in der Lage, die Bewegungen des Körpers, vor allem der Arme, realistisch und lebensecht wiederzugeben. Zu demselben Zweck brauchte Leonardo auch vielerlei Modelle: für Gesichter, einzelne Hände, Arme et cetera benötigte er lebendige ›Vor-Bilder‹. Davon zeugen unter anderem seine noch erhaltenen Detailzeichnungen (Abb. 27 bis 33) als Vorstudien zum *Abendmahl,* von denen es sehr viel mehr gegeben haben dürfte.

In dieser Vorgehensweise drückt sich ein völlig neuartiges Gestaltungsprinzip aus, das auf exakter Naturbeobachtung beruht und in dem sich der fundamentale Unterschied der Renaissancekunst zu der früherer Epochen offenbart. Denn obwohl man die Renaissance, wie der Name bereits sagt, als ›Wiedergeburt‹ der Antike betrachtete, war die Arbeitsweise des Künstlers zur Blütezeit der griechischen Kultur eine vollkommen andere. Dieser hatte niemals, wie Rudolf Steiner wiederholt betont hat, nach Modell gearbeitet, geschweige denn Leichen seziert.

Leonardo da Vinci, Gedanken zur Anatomie.[8]

»Beobachte an den Bewegungen und Haltungen der Gestalten, wie die Glieder und ihre Regungen sich ändern, weil die Schulterblätter bei der Bewegung der Arme und Schultern die Lage des Rückgrates wesentlich ändern. Alle Gründe dafür wirst du in meinem Buch über Anatomie finden.

Um die Glieder in all den Haltungen und Stellungen, welche die nackten Gestalten einnehmen können, richtig zu zeichnen, muss der Maler die Anatomie der Sehnen, Knochen, Muskeln und Muskelbündel kennen, damit er bei verschiedenen Bewegungen und Leistungen weiß, welche Sehne oder welcher Muskel eine solche Bewegung veranlasst, und damit er nur diese deutlich und verdickt zeigt, nicht etwa die andern allesamt, wie viele es tun. Denn diese machen dabei, um als große Zeichner zu erscheinen, ihre Nacktgestalten hölzern und ohne Anmut, sodass man eher einen Sack voll Nüsse als eine menschliche Erscheinung oder vielmehr ein Bündel Rettiche als eine muskulöse Nacktgestalt vor sich zu haben glaubt.

Nur der Maler, der Kenntnis von der Natur der Sehnen, Muskeln und Muskelbündel hat, wird bei der Bewegung irgendeines Gliedes genau wissen, wie viele und welche Sehnen sie veranlasst haben, welcher Muskel beim Anschwellen die Verkürzung der Sehne verursacht und welche Stränge, nun in ganz feine Knorpel verwandelt, den betreffenden Muskel einhüllen und zusammenhalten. So wird er in mannigfaltiger und vielseitiger Weise allerlei Muskeln bei der Darstellung verschiedener Körperleistungen zeigen und es nicht so machen wie viele, die bei verschiedenen Stellungen immer dasselbe an Armen, Rücken, Brust und Beinen zeigen.«

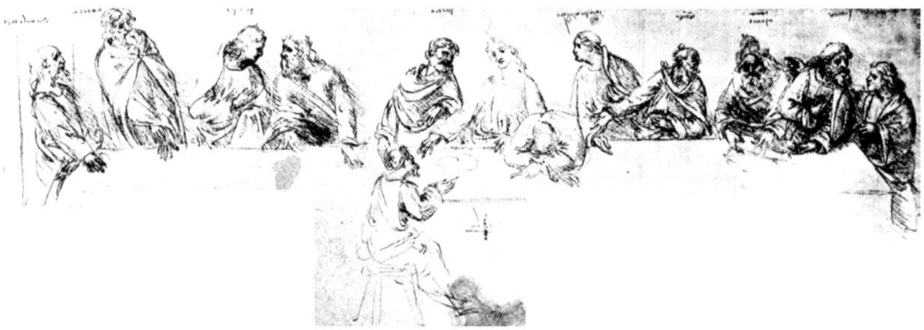

Abb. 25. Rekonstruktion der in Abb. 26 konzipierten Anordnung der Figuren (nach Goldscheider).

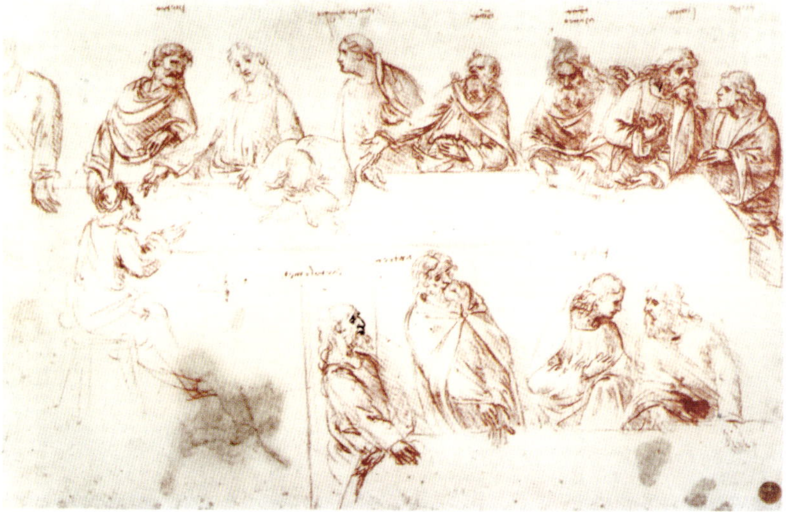

Abb. 26. *Figurenstudie zum Abendmahl,* um 1495. Venedig, Gallerie dell' Accademia.

Er spürte, »wie in den Formen des physischen Leibes sich der Ätherleib abbildet«; er »wollte auch nachbilden in seiner Plastik, was er in sich selber erlebte«.[9] Er gestaltete nicht nach dem unmittelbaren Vorbild der Natur; »[...] wenn er den Arm zu bilden hatte, dann fühlte er in sich die Form des Muskels, fühlte in sich die Gestalt, er fühlte, wenn er eine Bewegung bilden sollte, wenn er selbst die Bewegung machte, wie das ist. [...] Wir müssen verstehen, dass, wenn der Grieche einen Menschen in Bewegung in der Plastik nachbildete, er aus innerem Wissen, nicht von äußerlichem Anschauen nach dem Modell wusste, wie er das Bein, die Zehe, die Finger, wie er das alles zu stellen hatte.«[10]

Leonardos Methodik des wissenschaftlich-künstlerischen Arbeitens dokumentiert eine völlig neuartige Bewusstseinshaltung, die ihn als ersten typischen Vertreter der beginnenden Neuzeit ausweist, des Zeitalters der ›Bewusstseinsseele‹.

Arbeitsweise und Maltechnik

Durch glückliche Fügung ist uns eine kurze Notiz eines Zeitgenossen, des später als Novellendichter berühmt gewordenen Matteo Bandello[11] erhalten, der zu jener Zeit Novize im Kloster Santa Maria delle Grazie war (dem sein Onkel als Prior vorstand). Dieser kurze Bericht gibt einen

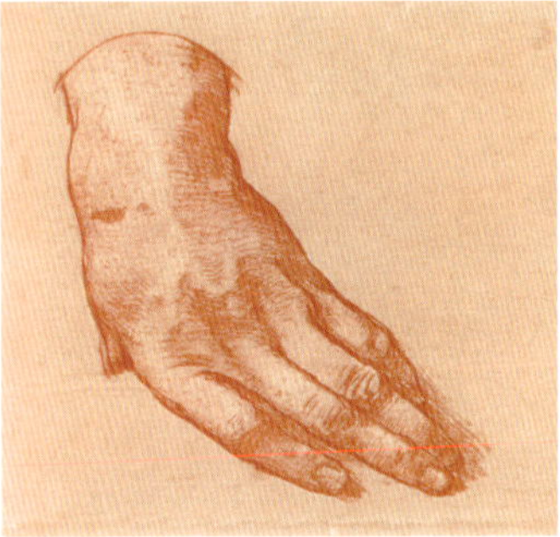
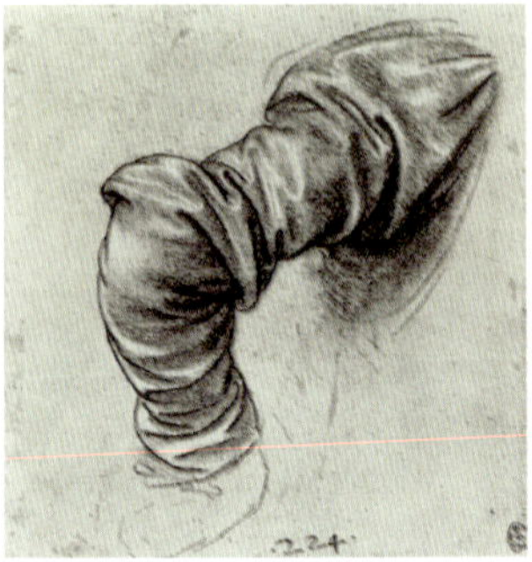
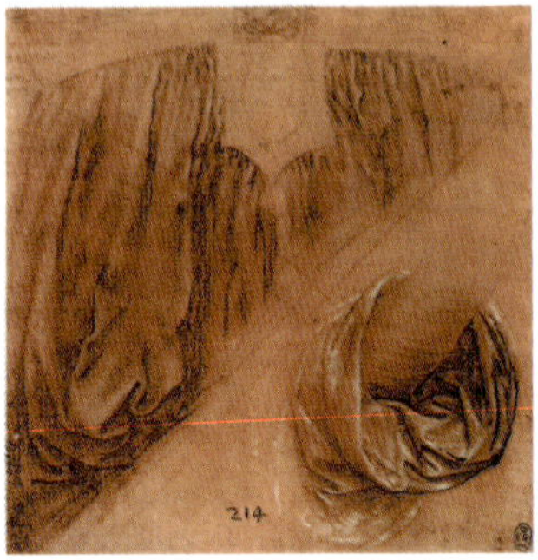

Abb. 27 (links). ***Linke Hand des Thomas.***
Abb. 28 (Mitte). ***Rechter Arm des Petrus.***
Abb. 29 (rechts). ***Gewandstudie.*** **Windsor Castle, Royal Collection.**

allgemeinen Einblick in Leonardos sorgfältige und überlegte Arbeitsweise, die sich bei einer genauen Betrachtung des *Abendmahls* auch in den Einzelheiten offenbart.

»Auch pflegte er, wie ich selbst Zeuge davon war, schon oft im Morgengrauen das Gerüst zu besteigen (das Abendmahlsbild beginnt ziemlich hoch über dem Fußboden), von Sonnenaufgang bis zum Finsterwerden den Pinsel nicht aus der Hand zu legen und, ohne an Essen und Trinken zu denken, unausgesetzt zu malen. Zu anderen Zeiten wieder ließ er zwei, drei, vier Tage verstreichen ohne etwas daran zu tun; doch mochte er eine Stunde oder zwei vor seinem Bilde sitzen, die Figuren anstarren und über sie nachdenken. Dann wieder, wenn Laune oder Lust ihn ankam,

Modelle für die Gestalt Christi und der Apostel.

Christus – Graf Giovanni, der aus dem Hause des Kardinals von Mortaro.
Giovannina – ein märchenhaftes Gesicht. Lebt in Santa Caterina im Spital.
Alessandro Carissimo aus Parma für die Hand Christi.
Cristofano aus Castiglione lebt in der Pietà; er hat einen schönen Kopf.
Aus Leonardos Notizen

Die Personen jenes Abendmahls sind nach der Natur gemalte Bildnisse von mehreren Personen am Hofe und von Mailändern jener Zeit in wahrer Lebensgröße.
Antonio de Beatis, 1517

habe ich ihn in der Sommer-Mittagsglut, wenn die Sonne im Zeichen des Löwen stand, aus der Corte Vecchia, dem Burghof des alten Herzogsschlosses, wo er an dem Tonmodell seines staunenswerten Pferdes arbeitete, geradeswegs zum Kloster eilen sehen, das Gerüst besteigen, an der einen oder anderen Figur ein paar Pinselstriche machen, um sich dann unverzüglich zu entfernen.«

Wie sehr steht doch diese äußerst gewissenhafte Arbeitsweise im Gegensatz etwa zu der seines einstigen Mitschülers bei Verrocchio, des zur damaligen Zeit erfolgreichsten Malers Italiens, Pietro di Christofori Vannucci, genannt Perugino, der sich in seiner großen Werkstatt zahlreicher auf bestimmte Aufgaben spezialisierter Gehilfen und sogar immer wieder verwendbarer Schablonen für Figurenumrisse bediente! Damit war es ihm möglich, eine große Zahl von Werken halbindustriell herzustellen und seine Besteller zu deren größter Zufriedenheit (und wohl auch zu seiner eigenen) pünktlich zu beliefern. Leonardo aber hat mit fast jedem seiner wenigen, mühevoll erarbeiteten, gedankentiefen, zuweilen nicht vollendeten Werke ein Höchstes, Einzigartiges geschaffen und der Kunst neue Räume erschlossen. Dies gilt an erster Stelle für das *Abendmahl*.

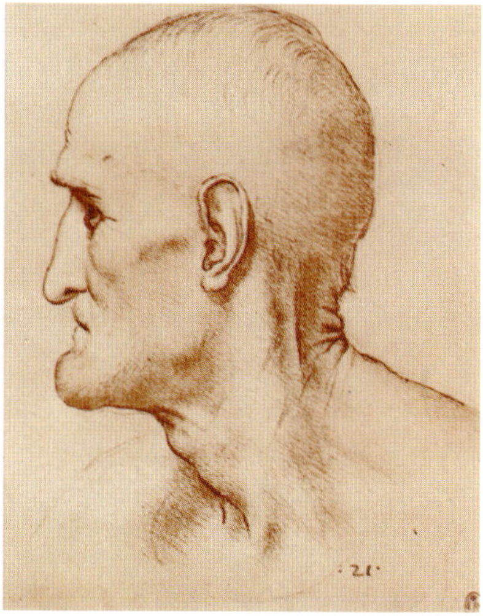

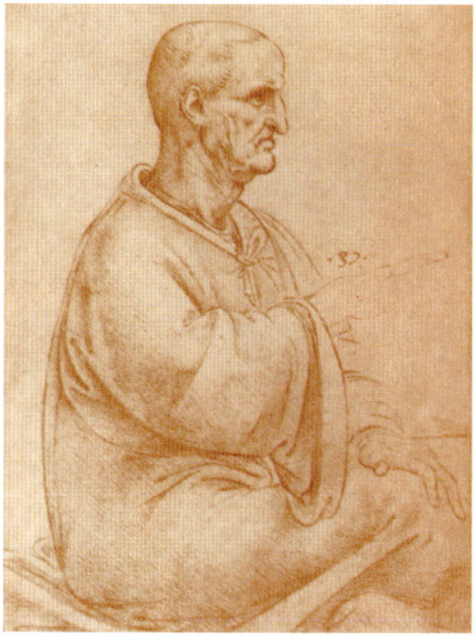

Abb. 30 und 31. *Simon*. Windsor Castle, Royal Collection.

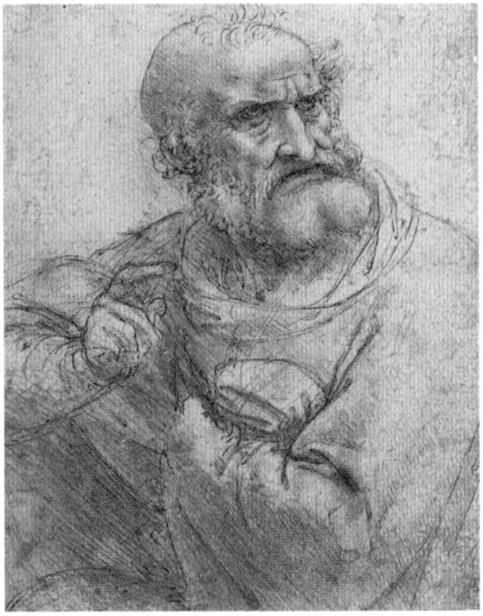

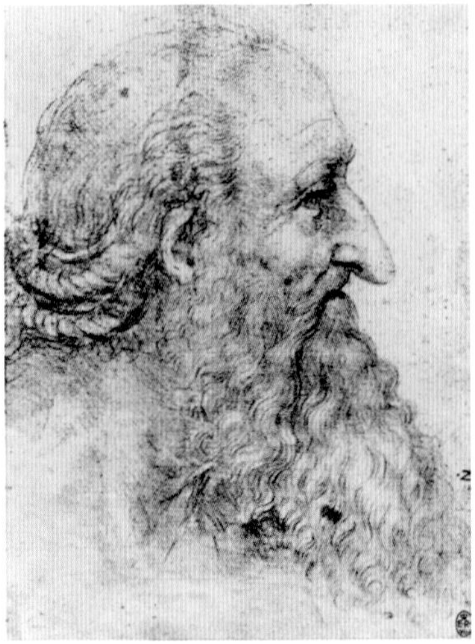

Abb. 32 (links). *Petrus.* Wien, Grafische Sammlung Albertina.
Abb. 33 (rechts). *Apostel.* Windsor Castle, Royal Collection.

Wie intensiv bis ins Einzelne durchdacht dieses Werk ist, wie viel Leonardo in es hineingeheimnist hat, wird die genaue Betrachtung der Figurengruppe von Christus und den zwölf Aposteln und die Untersuchung des gemalten Raumes zeigen.

Die Abendmahlgruppe – Komposition und Gebärde

In einem Raum, der nach hinten den Blick in eine abendlich beleuchtete Landschaft freigibt, hat sich Christus am Vorabend des Passahfests mit seinen Jüngern zum letzten gemeinsamen Mahl versammelt. Christus bildet den ruhenden Pol im Zentrum des Bildes. Zu seinen Seiten befinden sich zwei gleich große Apostelgruppen in sichtlicher Erregung. Der Betrachter ist Zeuge jenes Augenblicks, in dem Christus die Worte ausspricht: »Einer von euch wird mich verraten.«

Gestik und Mimik der Apostel

Diese erste allgemeine Verratsankündigung, bei der die Identität des Verräters noch nicht preisgegeben wird, ist das »Aufregungsmittel«, wie Goethe es nannte, und ruft ein lebhaftes Gebärden- und Mienenspiel bei den Aposteln hervor. Jeder der zwölf reagiert auf eigene Weise auf diese Ungeheuerlichkeit, entsprechend seinem Charakter, Temperament, Alter oder seiner jeweils besonderen Stellung zu Christus. Keine der unterschiedlichen Gesten wiederholt sich bei einem anderen der Beteiligten. Fast alle nur möglichen Handbewegungen und -positionen sind vertreten. Neben den physiognomischen Merkmalen und dem Gesichtsausdruck bilden sie ein wesentliches Charakteristikum der einzelnen Apostel.[1]

Einer verhältnismäßig frühen Kopie in Ponte Capriasca verdanken wir die Möglichkeit, alle Apostel namentlich zu benennen. Da der Künstler, der die jeweiligen Namen auf einem Fries unterhalb der Figuren festgehalten hat, wohl aus dem Schülerumkreis Leonardos kommt, dürfte die Zuordnung authentisch sein. Für Judas, Petrus, Johannes und auch Jakobus den Jüngeren ist sie ohnehin eindeutig.

Goethe über Leonardos *Abendmahl*, in *La cena, pittura in muro di Giotto*.[2]

» Das Wort, die Voraussagung des Herrn, es werde ihn einer der mit zu Tische Sitzenden verraten, regt die ganze Gesellschaft urplötzlich gewaltsam auf; alle fahren zusammen und bilden höchst belebte, vortrefflich angeordnete Gruppen; alles lebt, alles ist in Bewegung; die Mannigfaltigkeit der Affekte, der Gebärden kann nicht größer sein, Gestalt und Züge einer jeden Figur sind mit dem, was sie vernimmt, was sie leidet, ganz übereinstimmend, der Ausdruck wahr und kräftig. «

Der erregte Gemütszustand der Apostel – »staunende Verstörte« könnte man sie mit Rilke nennen – findet seinen Ausdruck außer in Gestik und Mimik insbesondere darin, dass mehrere von ihnen ihre sitzende Haltung aufgegeben haben und aus unterschiedlichen Beweggründen aufgesprungen sind. Bartholomäus scheint in einer cholerisch-drohenden Haltung zum Ausdruck zu bringen, dass er sich wohl verhört habe. Matthäus schreit in sanguinischer Aufwallung seinen beiden Nachbarn, dem Melancholiker Thaddäus und dem Phlegmatiker Simon, sein »Habt ihr das gehört?« ins Ohr, und Thomas und Philippus versuchen je nach Art ihres unterschiedlichen (cholerischen beziehungsweise sanguinischen) Temperaments, ihre Unschuld zu beteuern. Thomas hat dabei sogar ganz seinen Platz verlassen. Nur seine linke Hand, durch die jüngste Restaurierung wieder sichtbar geworden, zeigt seinen ursprünglichen Platz zwischen Jakobus dem Älteren und Philippus an (Abb. 39). Letzterer, eine der seelenvollsten Gestalten Leonardos (Abb. 58), scheint mit seiner Gebärde der zum Herzen weisenden Hände zu beteuern: »Herr, ich bin's nicht! Du weißt es! Du kennst mein reines Herz. Ich bin's nicht!«[3] Diese Worte hat ihm jedenfalls Goethe in den Mund gelegt. Die plötzliche Verunsicherung der Apostel, ausgelöst durch die Aussage Christi: »Einer von euch wird mich verraten«, musste diese notwendigerweise auch zu einer Selbsterforschung drängen.

Auf der rechten Seite stimmt die Reihenfolge der Köpfe nicht mit der ursprünglichen Sitzordnung überein, da Thomas seinen Platz verlassen hat und in heftigem Affekt auf Christus zugesprungen ist. Dem entspricht auf der anderen Seite ebenfalls in der inneren Dreiergruppe die Verschränkung der Köpfe, die sich durch das Zurückweichen des Judas und die starke Hinwendung des Petrus zu Johannes ergibt.

Ordnungsprinzipien der Figurenkomposition

Trotz aller Turbulenz hat der Maler keinen chaotisch-aufgeregten Haufen zur Darstellung gebracht, sondern diese in Erregung versetzte Menschengruppe gewissermaßen gebändigt durch ihre Gliederung in vier Dreiergruppen. Diese Unterteilung der zwölf in vier mal drei weckt unzweideutige kosmische Assoziationen (siehe S. 78ff.) und ist nur möglich durch die Wiedereingliederung des Judas in die Reihe der übrigen Jünger. Andererseits hat man es hier nicht – was dem künstlerischen Genius Leonardos unangemessen wäre – mit vier jeweils isolierten Dreiergruppen zu tun, vielmehr sind die gänzlich verschieden charakterisierten Gruppen formal durch gewisse Gesten wiederum miteinander verbunden, vor allem durch Jakobus den Jüngeren auf der linken Seite, der seinen linken Arm zu Petrus ausstreckt und diesen mit der linken Hand an der Schulter berührt (Abb. 43), sowie Matthäus auf der rechten Seite, dessen beide Arme nach links orientiert sind, während sich Kopf und Oberkörper nach rechts wenden und zur benachbarten Dreiergruppe vermitteln (Abb. 39). Darüber hinaus finden sich bei den

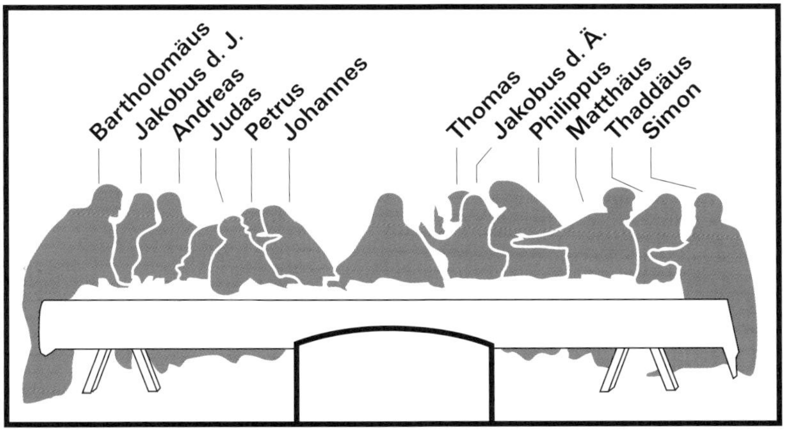

Abb. 34 (links). Namen der Apostel in Leonardos *Abendmahl*.

Abb. 35 (folgende Seiten). *Das Abendmahl,* 1495–1498, 4,60 x 8,80 m. Mailand, Santa Maria delle Grazie.

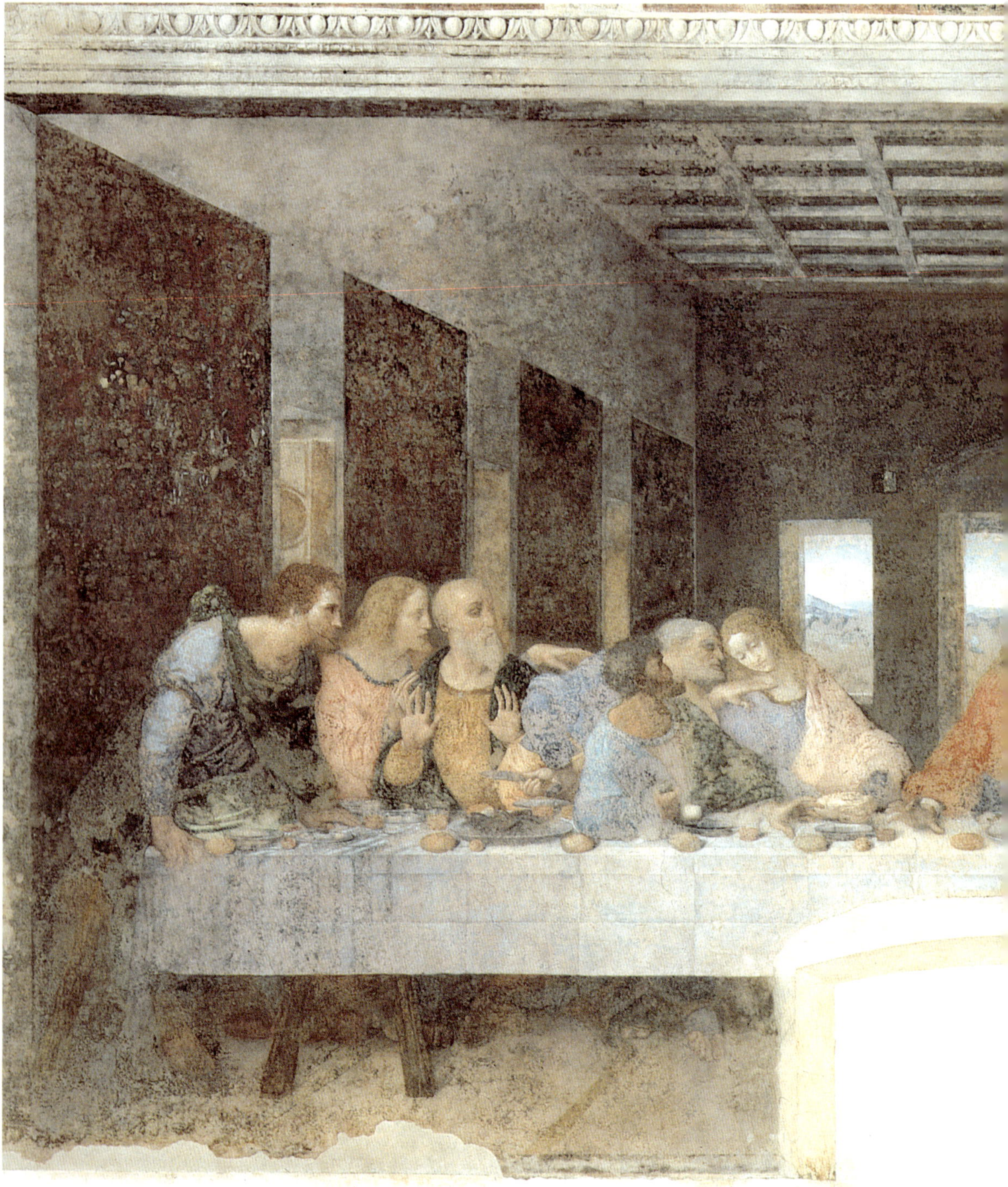

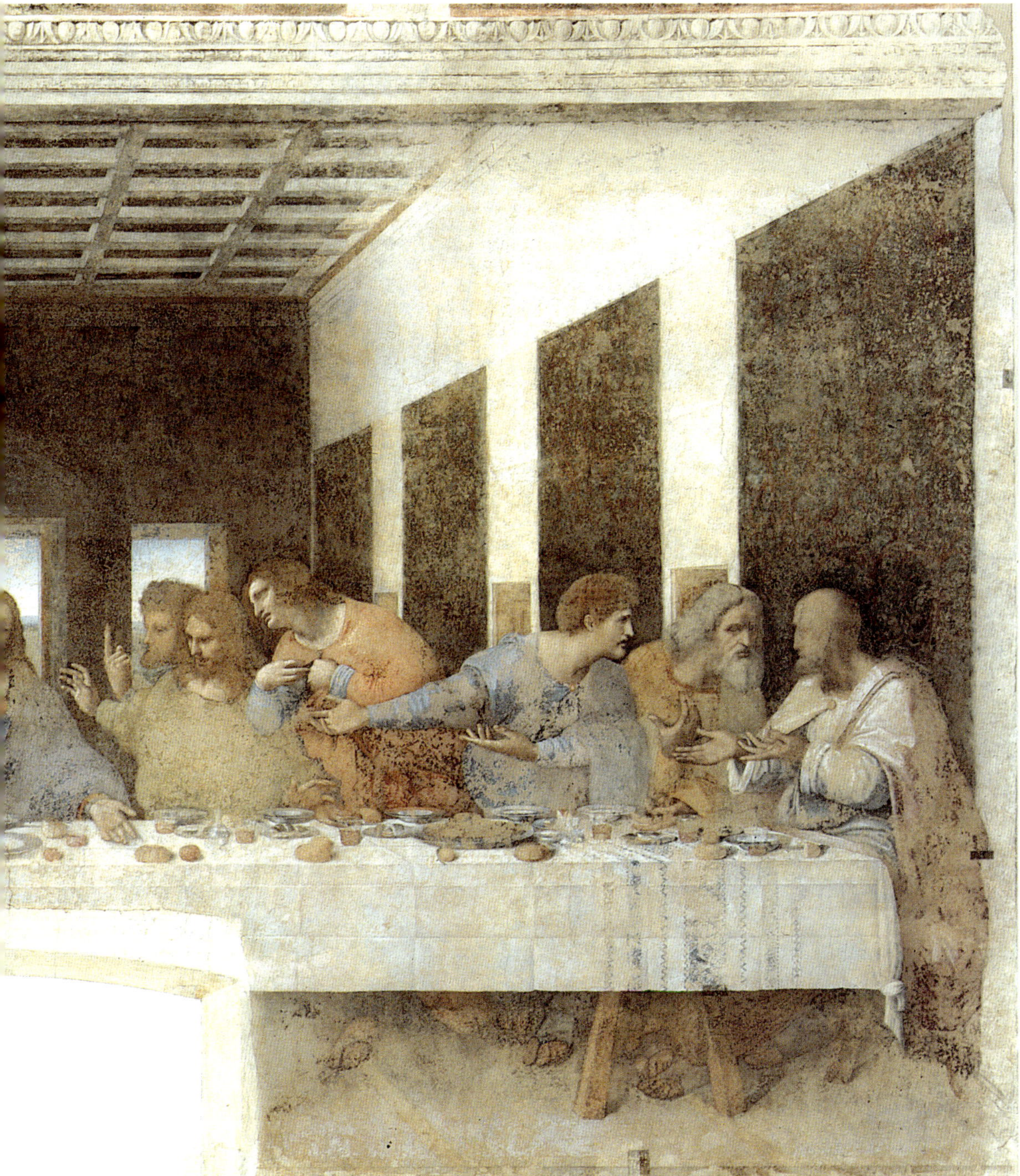

Gestalten im Einzelnen wie auch in ihrem charakteristischen Zusammenhang zahlreiche subtile Gestaltungsmittel, die sich nur einer genauen Beobachtung erschließen.

Die Komposition dieses Gemäldes beruht in vielfacher Weise auf einer dynamischen beziehungsweise polaren Symmetrie. Diese verleiht dem Bild seine unvergleichliche Lebendigkeit, die es himmelweit über seine Vorläufer ebenso wie über seine Nachfolger erhebt. Sie offenbart sich schon durch die vergleichende Betrachtung der Personengruppierung in ihrer Relation zu dem streng symmetrischen Raumhintergrund. Dabei fällt auf, dass sich vor der rückwärtigen Wand rechts drei Köpfe befinden (Thomas, Jakobus der Ältere, Philippus), links dagegen nur eineinhalb (Johannes und das Gesicht des Petrus). Vor der rechten Seitenwand heben sich drei Personen ab, nämlich die äußere Gruppe (dazu vermittelnd der Körper des Philippus), links aber viereinhalb Personen (die äußere Gruppe, dazu Judas und, wiederum vermittelnd, der überwiegende Teil des Kopfes von Petrus). Entsprechende Beobachtungen ließen sich auch für die Verteilung der Köpfe vor dem Hintergrund der Wandteppiche beziehungsweise den Zwischenräumen anstellen. Auf beiden Seiten bemerkt man je eine Verschränkung von Köpfen, jeweils in der inneren Gruppe.

Abb. 36 (unten). Petrus und Judas vor der 1999 abgeschlossenen Restaurierung des *Abendmahls*.
Abb. 37 (rechte Seite). Linke innere Apostelgruppe mit Judas, Petrus und Johannes.

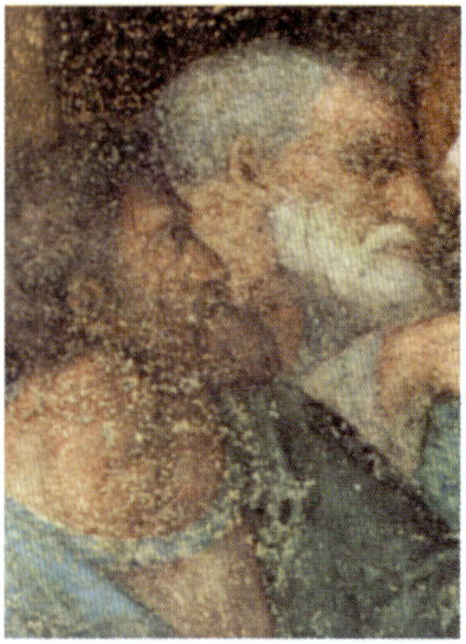

Von den aufgesprungenen Gestalten finden sich drei auf der rechten Seite, links aber nur eine. Rechts drängen sich die drei Apostel der inneren Gruppe dicht an Christus heran mit auffälligen, ausdrucksgeladenen Gebärden. Auf der linken Seite besteht dagegen ein deutlicher räumlicher Abstand zwischen Christus und der ihm nächsten Gruppe, die außerdem durch eine eher zurückhaltende Gestik gekennzeichnet ist. Dies wird noch besonders betont durch das wie ein Pfeiler wirkende Wandstück zwischen der mittleren und der linken Wandöffnung. Vor dem Wandstück zwischen dem rechten Fenster (das weit gehend verdeckt ist im Unterschied zum größtenteils frei sichtbaren Gegenstück links) und der mittleren Wandöffnung (wohl einer Tür) sind jedoch zwei nach oben weisende (Thomas) beziehungsweise geworfene Hände (Jakobus) positioniert. Hinzu kommt noch die mit der Innenfläche nach oben gewendete linke Hand Christi, ja sogar der leicht angezogene linke Fuß Christi (nur noch auf Kopien zu sehen). Es ist hier also das aufwärts

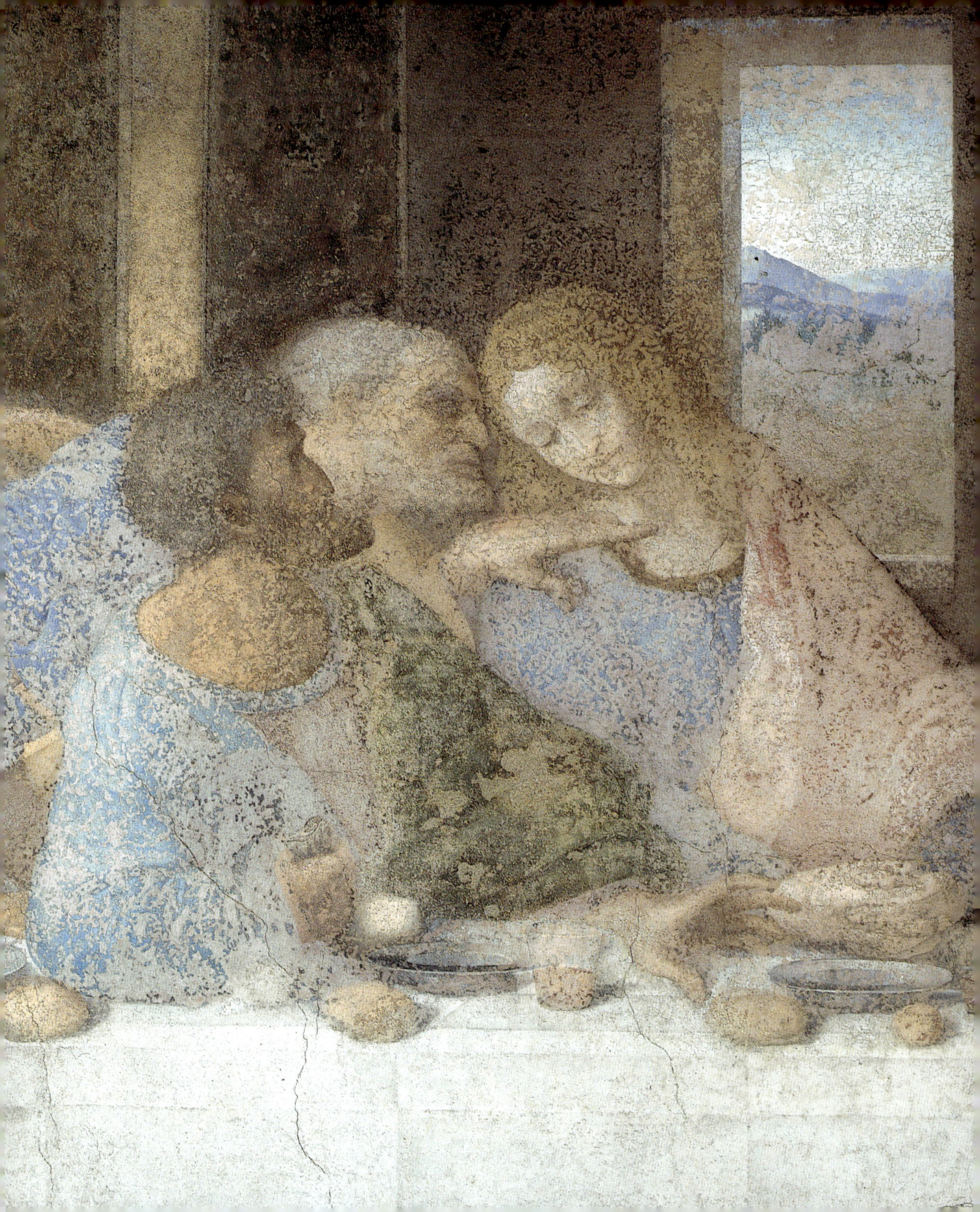

Über Leonardos Darstellung von Gemütszuständen in zeitgenössischen Quellen.

» Wann immer Leonardo eine Figur malen wollte, dachte er zuerst über ihre Eigenschaften und ihre Natur nach, das heißt darüber, ob sie edel oder pöbelhaft, heiter oder streng, finster oder froh, alt oder jung, zornig oder ruhigen Gemütes, gut oder böse sein sollte. Und nachdem er ihr Wesen erkannt hatte, ging er dorthin, wo er wusste, dass Personen mit solchen Eigenschaften sich versammelten, und er beobachtete sorgfältig ihre Gesichter, ihr Benehmen, ihre Kleider und Körperbewegungen. Und wenn er etwas gefunden hatte, das für seine Zwecke geeignet erschien, hielt er es mit dem Zeichenstift in einem Büchlein fest, das er stets am Gürtel bei sich trug. Und nachdem er das viele Male getan hatte und so viel zusammengekommen war, wie für das zu malende Bild auszureichen schien, begann er es zu gestalten, und er erreichte, dass es wunderbar gelang. Angenommen, dass er dies in jedem seiner Werke getan hätte, so hat er es auch mit seiner ganzen Sorgfalt in jenem Bild getan, das er in Mailand im Kloster des Predigerordens malte, auf dem unser Erlöser mit seinen Jüngern zu Tisch sitzend abgebildet ist.
Giovanbatista Giraldi, 1504 – 1573 (zitiert nach Zöllner)

[Leonardo habe] keine Bewegung dargestellt [...], ohne sie vorher in der Wirklichkeit studiert zu haben, um daraus eine gewisse Natürlichkeit und Lebendigkeit zu schöpfen, die den Gebilden, welche er mit Hilfe seiner Kunst schuf, eine noch größere Deutlichkeit verlieh, als ihren Vorbildern eigen war.
Giovanni Paolo Lomazzo, Trattato, *1560 (zitiert nach Seidlitz)* «

Gerichtete betont, eine gewisse Leichte im Gegensatz zur Schwere des Pfeilers links.

Die gesamte Apostelgruppe besteht nicht nur aus je drei Repräsentanten der vier Temperamente, sondern auch aus je vier Vertretern dreier Altersstufen: des jüngeren, mittleren und vorgerückten Lebensalters. Dabei sind die Jüngeren – sämtlich unbärtig – auf alle vier Gruppen verteilt (Jakobus der Jüngere, Johannes, Philippus, Matthäus), die Alten – davon drei graubärtig – aber auf nur drei Gruppen. Je einer gehört den beiden Gruppen auf der linken Seite an (das Brüderpaar Andreas und Petrus, die allerdings nebeneinander sitzen), die beiden Übrigen der äußeren Gruppe der rechten Seite (das Brüderpaar Thaddäus und Simon, Letzterer bärtig, aber aus künstlerischen Gründen nicht auch noch grau wie sein unmittelbarer Nachbar).[4] Von der mittleren Altersgruppe – bärtig, aber nicht grau – findet sich auf der linken Seite je einer in beiden Gruppen (Bartholomäus und Judas), rechts jedoch gehören die beiden anderen (Thomas, Jakobus der Ältere) der inneren Gruppe an. Es ergibt sich also wiederum eine Differenz von linker und rechter Seite: Die beiden Dreiergruppen links enthalten je einen Vertreter der drei Altersstufen, rechts jedoch ergibt sich eine Verschränkung, indem je eine Altersstufe zwischen den beiden Gruppen ausgetauscht ist. Jede starre Symmetrie, jeglicher Schematismus ist sorgfältig vermieden! Dass aber die bartlosen Jungen gleichmäßig auf alle vier Gruppen verteilt sind, trägt wesentlich zur Verlebendigung des Ganzen bei.

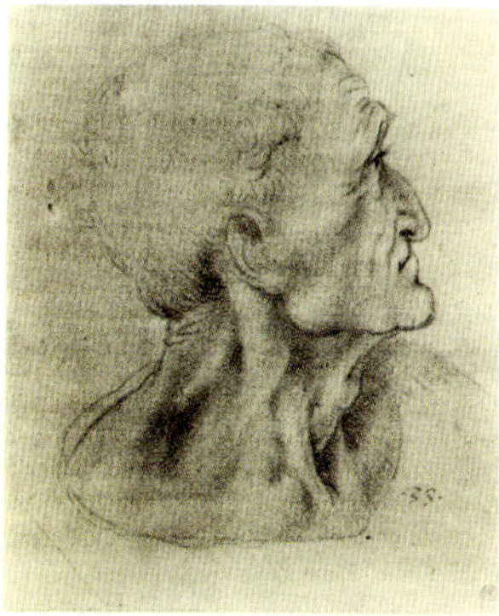

Abb. 38. Studie zum Kopf des Judas. Windsor Castle, Royal Collection.

Durchgängig findet sich auf diesem Bild die Polarität der Gebärden, der Physiognomie und Mimik. In der Tat: »Nichts ist konventionell erfasst, sondern alles empfunden und dem Leben entnommen« (Woldemar von Seidlitz).[5]

So entsprechen sich auch im polaren Sinne die beiden unmittelbaren Nachbarn Christi: Jakobus der Ältere hat in höchstem Affekt die Arme weit auseinander geworfen (Abb. 39), sein jüngerer Bruder Johannes auf der anderen Seite aber, die ruhigste und emotionsloseste Gestalt der ganzen Versammlung, hält seine Hände in tiefstem Frieden ineinander verschränkt (Abb. 37). Mit dieser Sitzordnung hat Leonardo hier im Übrigen Bezug genommen auf jene eigenartige Episode des Markus-Evangeliums (10,35–45), in welcher die beiden Zebedäussöhne Christus mit dem Ansinnen konfrontieren, einst im Himmel zu seiner Rechten und Linken thronen zu dürfen (bei Matthäus 20,20–28 ist es die etwas übertrieben ehrgeizige Mutter der beiden, die dieses Begehren an Christus richtet). Leonardo lässt sie schon hier – nicht ohne leise Ironie – zu beiden Seiten Christi sitzen. Die beiden Brüder bilden zusammen mit dem nahebei sitzenden Petrus auch jene drei Auserwählte, die Zeugen der Verklärung Jesu waren und die auch als die engeren Erwählten

Abb. 39 (folgende Seiten). Rechte Apostelgruppe mit Thomas, Jakobus dem Älteren, Philippus, Matthäus, Thaddäus und Simon.

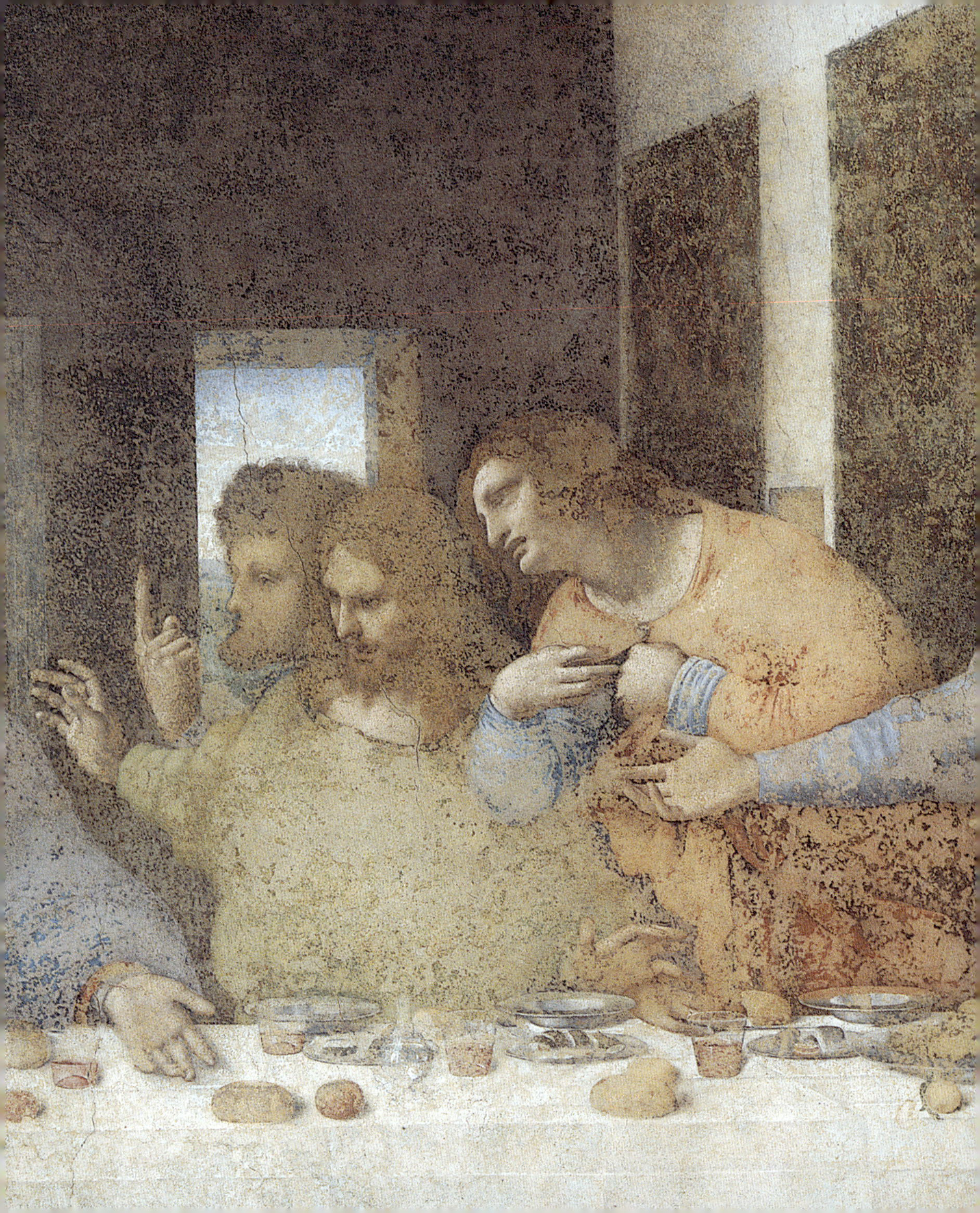

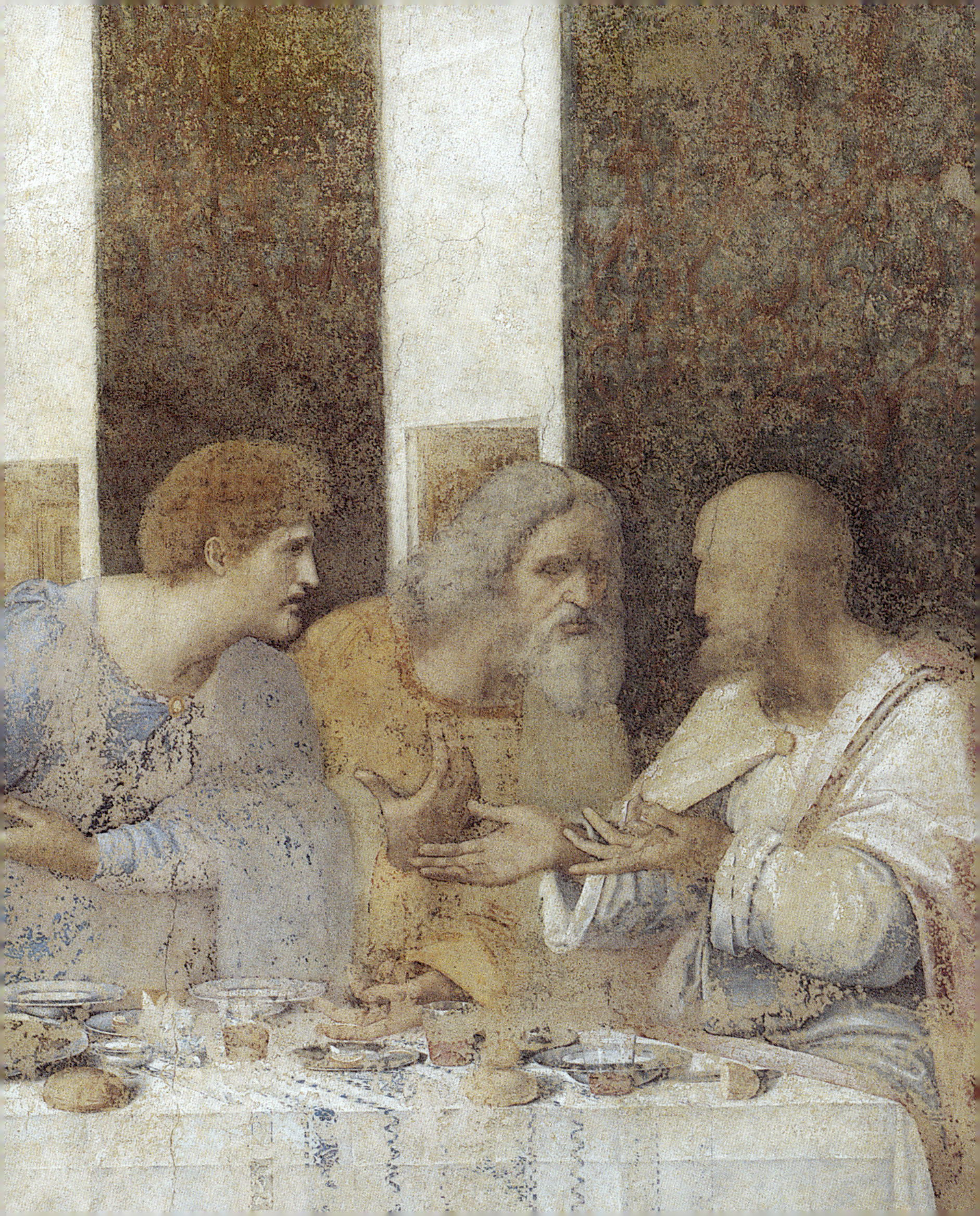

Leonardo da Vinci,
Traktat von der Malerei.

»Die Bewegungen der Menschen sind so verschiedenartig wie die Mannigfaltigkeit der Zustände, die durch ihre Seelen hin und wieder gehen. Und ein jeder Zustand für sich bewegt die Menschen mehr oder minder, je nachdem diese von größerer oder geringerer Kraft sind und je nach ihrem Alter.

Der gute Maler muss in der Hauptsache zweierlei malen, nämlich den Menschen und seine geistige Verfassung; das Erstere ist leicht, das Letztere schwierig, denn man muss es durch die Gebärden und Bewegungen der Glieder darstellen: Und das kann man von den Stummen lernen, die es besser machen als alle anderen Menschen.

Die Bewegungen und Gebärden der Figuren sollen den Gemütszustand des sich Bewegenden dergestalt ausdrücken, dass sie nichts anderes bedeuten können.«

Christus in Gethsemane nahe sein dürfen, bis dann Judas, auch er hier ganz nahe bei Christus zwischen Petrus und Johannes sitzend, mit seiner Rotte auftaucht. Leonardo hat in der Gestalt des Johannes den Apostel und zugleich den Lieblingsjünger und Evangelisten dargestellt.[6] Dem zurückgewichenen Judas, dessen Kopf und damit Augenpartie am tiefsten liegt, korrespondiert auf der anderen Seite der vorgeneigte Philippus, dessen Augenpartie die sämtlicher anderer Personen überragt.

Im Ganzen haben die Personen der linken Bildhälfte deutlich mehr Tischhaftung, wobei sich vor allem Bartholomäus (mit beiden Händen) und Judas (mit dem ganzen rechten Unterarm, auf dem das Gewicht des Oberkörpers lastet) auf den Tisch stützen. Aber auch die Unterarme des Johannes ruhen vollständig auf der Tischplatte. Rechts dagegen hat nur die linke Hand des Thomas (kaum sichtbar unter der linken des Jakobus) sowie ebenfalls die linke des Thaddäus flüchtigen Kontakt mit der Tischfläche, von der auf der rechten Seite mehr zu sehen ist als links. Die übrigen Hände dagegen befinden sich auf vielfältige Weise gestikulierend in der Luft.

Abb. 40 (rechte Seite). Rechte äußere Apostelgruppe mit Matthäus, Thaddäus und Simon.

Unter diesem Aspekt der Polarität wird der Betrachter noch manche Entdeckung machen können, wenn er etwa die sich entsprechenden

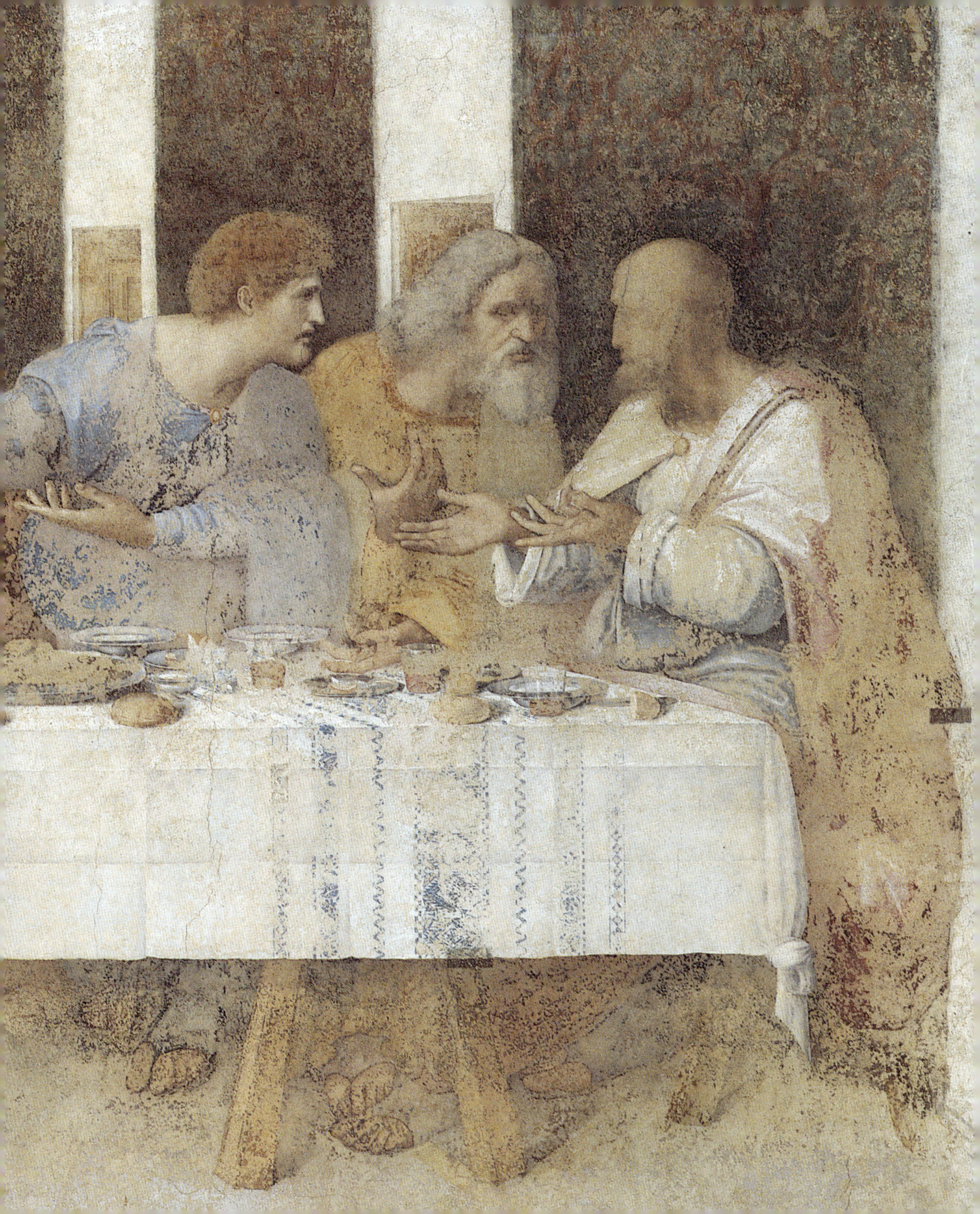

Apostel zur Linken und zur Rechten im Einzelnen vergleicht (doch ist – und dies ist eines der Kompositionsgeheimnisse Leonardos – durchaus nicht immer eindeutig, wer eigentlich wem entspricht!). Hier sei nur noch auf die beiden äußeren Figuren hingewiesen, den sich schwer auf die Tischplatte stützenden, in innerer Alarmbereitschaft befindlichen Bartholomäus auf der linken Seite und den bedächtig die Hände in der Luft wiegenden, ruhig sitzenden Simon am rechten Bildrand. Sehr deutlich spricht sich hier auch der Kontrast der Temperamente aus. Diese Gegensätzlichkeiten und verschränkten Entsprechungen betreffen jedoch auch die Dreiergruppen als Ganze: Während die drei Gestalten der äußeren linken Gruppe ihre Augen gebannt in die Mitte auf Christus richten, sind jene ganz rechts mit sich selbst beschäftigt; zwei von ihnen wenden ihr Gesicht sogar von Christus weg. (Matthäus deutet dafür mit seinen Armen in die Mitte.) Sucht man dagegen nach Gemeinsamkeiten, entspricht die innere Gruppe rechts in ihrer Zugewandtheit zu Christus der äußeren Gruppe links. Umgekehrt korrespondiert die äußere Gruppe rechts am ehesten mit der inneren Gruppe links, wo Petrus und Johannes im Gespräch miteinander verbunden sind. Hier bildet Judas die Ausnahme. Er ist zwar formal, durch seine Blickrichtung, den dreien der linken Außengruppe verbunden, doch heftet er seine Augen aus ganz anderen Gründen auf Christus.

Licht und Farbe

Bei der Gestikulation liegt der Schwerpunkt auf der rechten Seite. Es ist die im Ganzen leichtere, lichtere Seite. Ganz sinnenfällig wird dies betont durch die Beleuchtung: Die rechte Wand wird von der Sonne beschienen, die linke liegt im Schatten. Dies entspricht der ursprünglichen Situation im Refektorium, wo das Licht in den Nachmittagsstunden durch die hohen Fenster der westlichen Wand auf die gegenüberliegende Wand fiel, besonders in den Nachmittagsstunden zur Osterzeit bei noch tiefer stehender Sonne. Leonardo hat durch genaue Beobachtung die realen Lichtverhältnisse auf den Bildraum übertragen.

Dieses Streben nach lebendiger Differenzierung zeigt Leonardo auch in der Verteilung der Gewänderfarben. Für eine einigermaßen realistische

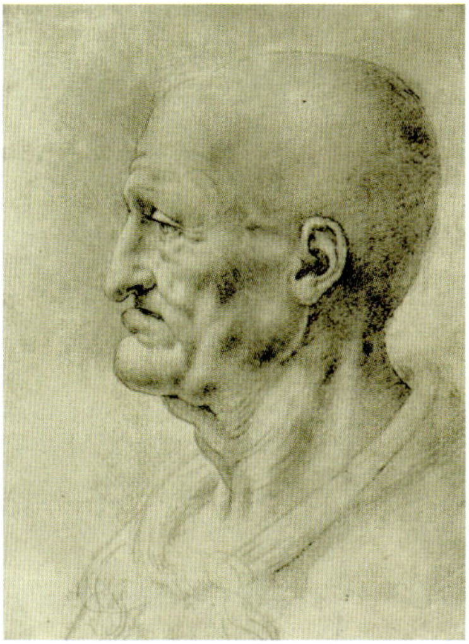

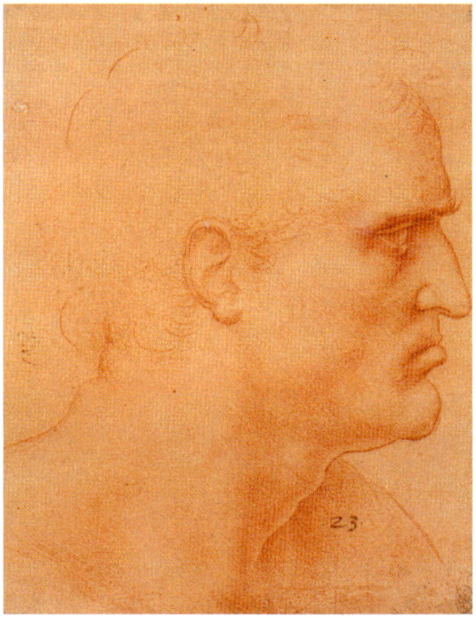

Abb. 41 (links). ***Studie zum Kopf des Simon.*** Abb. 42 (rechts). ***Studie zum Kopf des Bartholomäus.*** **Windsor Castle, Royal Collection.**

Beurteilung muss man das Original in seinem jetzigen Zustand mit den frühesten noch erhaltenen Kopien in Oxford und Tongerlo vergleichen (siehe Abb. 61). Christus ist mit einem roten Unter- und einem blauen Obergewand bekleidet. Dieser Farbklang wurde für die Darstellung Christi beim Abendmahl seit dem Mittelalter, mindestens seit Giotto, fast schon zur Regel. Das noch dem frühchristlich-antiken Zeitraum zugehörige *Abendmahl* in Ravenna (siehe Abb. 13) zeigt Christus noch im kaiserlichen Purpur. Bei Leonardo jedoch fügt sich zum Gleichmaß des Rot das Hüllende des Blau, der »Glanz des Lebendigen« zum »Glanz des Seelischen« in Rudolf Steiners Terminologie.[7] Zugleich harmoniert wiederum das Aktive des Rot mit der rechten Hand Christi, das passive Blau mit seiner Linken.[8] Mit Bedacht hat Leonardo dem Obergewand des Johannes (der im Übrigen ein blaues Untergewand trägt) zur Seite Christi ebenfalls eine rote Farbe gegeben und ihn auch hierdurch dem Christus angenähert. Das Rot und Blau – rot das Untergewand, blau das Obergewand – findet sich auch auf der linken Seite weiter außen bei Jakobus dem Jüngeren wieder, der zudem als ›Herrenbruder‹[9] in der Regel, wie auch hier, physiognomisch dem Christus ähnelt. Auf der rechten Seite ist Philippus, auch er wie Johannes und Jakobus zur jüngsten Altersgruppe zählend, in Rot (Obergewand) und Blau (Untergewand) gekleidet, das Rot ist aber entsprechend dem Lichteinfall

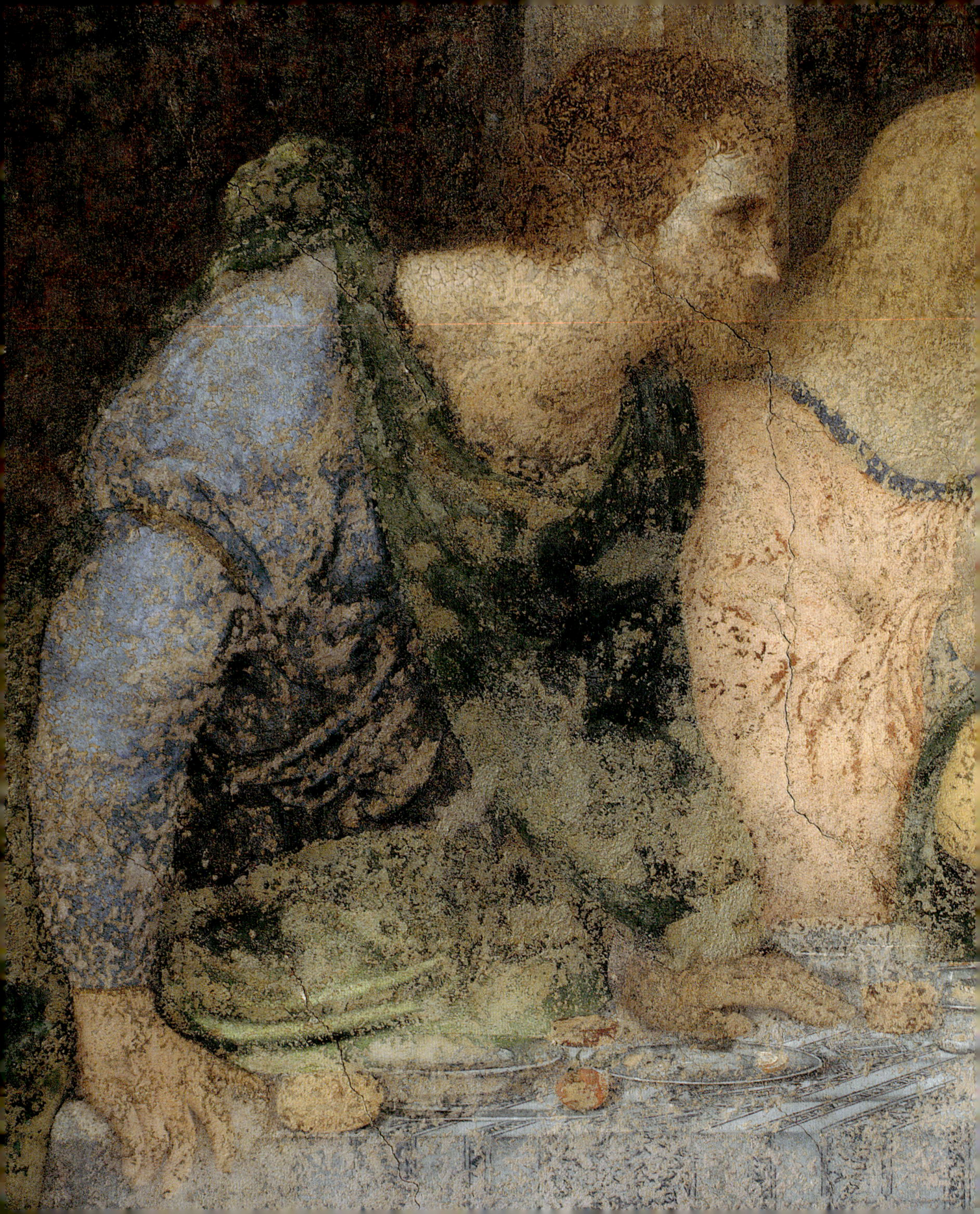

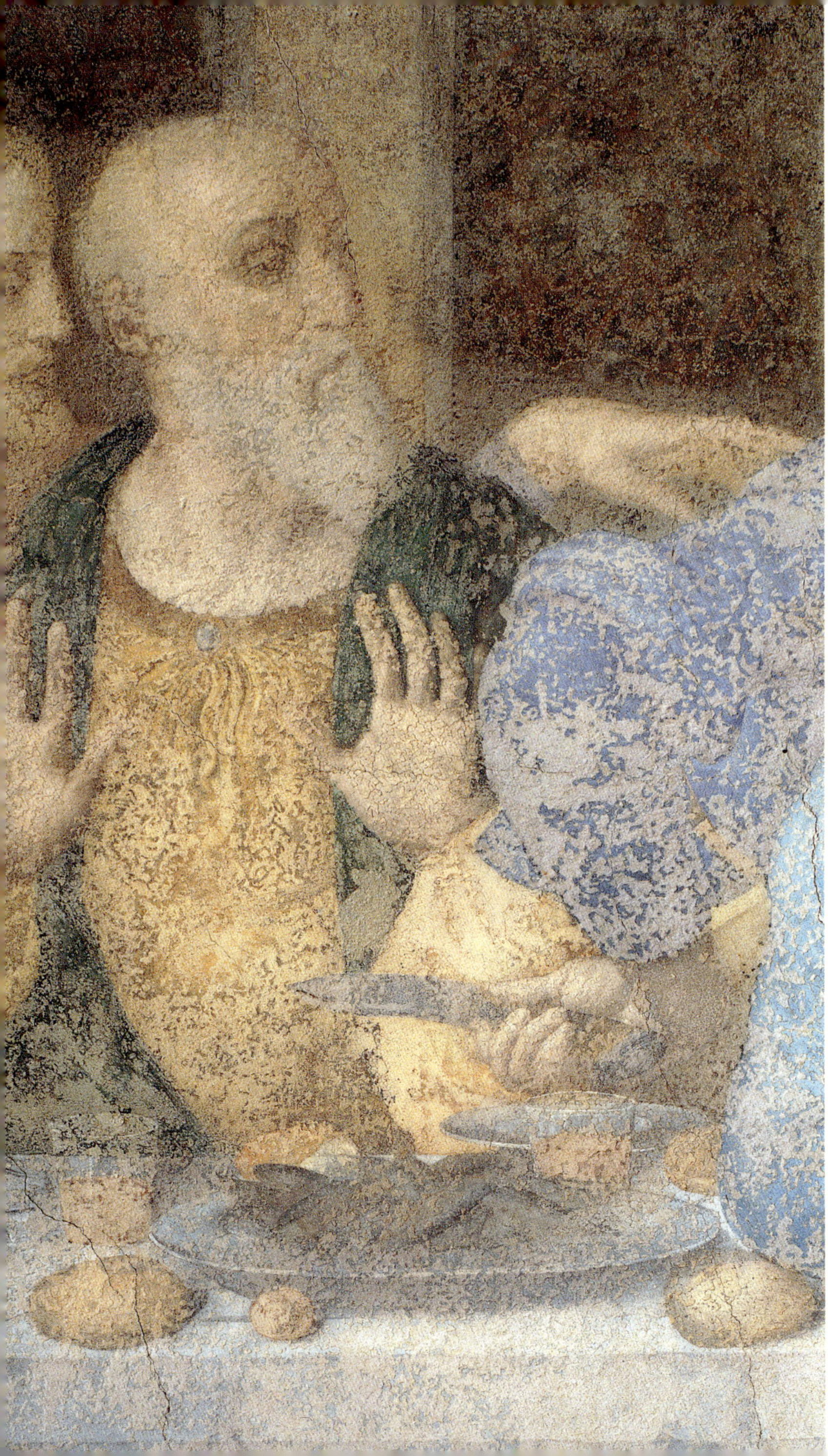

Abb. 43. Linke äußere Apostelgruppe mit Bartholomäus, Jakobus dem Jüngeren und Andreas.

in hellerem Ton gehalten. Stark abgeschwächt klingt der Rotton dann im Rotbraun des Untergewandes von Thaddäus und im Hellrosa des Obergewandes von Simon ganz rechts aus.

Verfolgt man das übrige Blau und auch das Grün in ihren jeweiligen helleren oder dunkleren Nuancen, so bemerkt man auch hier einen lebendigen Rhythmus ohne zwanghafte Gleichmäßigkeit in der Verteilung. Das geht so weit, dass von Jakobus dem Älteren nur das Untergewand zu sehen ist (man kann sich vorstellen, dass das lose aufgelegte Obergewand durch die jähe Armbewegung herabgeglitten ist) und von Thomas praktisch gar kein Gewand – er ist nur durch Kopf und Hände vertreten. Das Gelb, das nur auf der linken Seite bei Andreas und Petrus vorkommt, setzt einen kompositorisch notwendigen hellen Akzent in diese dunklere Bildhälfte.

Keinem Künstler vor und lange keinem nach Leonardo ist eine solche lebendige Vielfalt der Farbzusammenstellung bei den Gewändern der Abendmahlsgesellschaft gelungen.

›Laut-Malerei‹

Dem aufmerksamen Betrachter kann überdies auch die akustische Qualität des Bildes nicht entgehen: Vom entsetzten Aufschrei Jakobus des Älteren über das eindringlich sanfte Beteuern des Philippus und das verdachtgeladene beziehungsweise kühl abwägende Getuschel der Brüder Thaddäus und Simon bis hin zur mit drohendem Unterton dem Johannes ins Ohr geflüsterten Nachfrage des Petrus, der sein cholerisches Temperament kaum bändigen kann (mit Judas als unmittelbarem Ohrenzeugen – welch geniale dramatische Zuspitzung!), ist mit den dargestellten Aktionen eine differenzierte Vielfalt von Lautäußerungen verbunden, zu denen noch die Imagination des unvermeidlich geräuschvollen spontanen Stuhlrückens der von ihren (allerdings nicht sichtbaren) Sitzen Aufgesprungenen kommt. Auch hier zeigt sich die Polarität von rechter und linker Seite darin, dass rechts alle Apostel sprechen, links dagegen nur Petrus. Doch auch der Ausdruck des Schweigens, im alltäglichen Leben beobachtet, ist differenziert abgestuft: vor Schreck und Überraschung erstarrt (Judas), drohend (Thomas), fast ungläubig zur

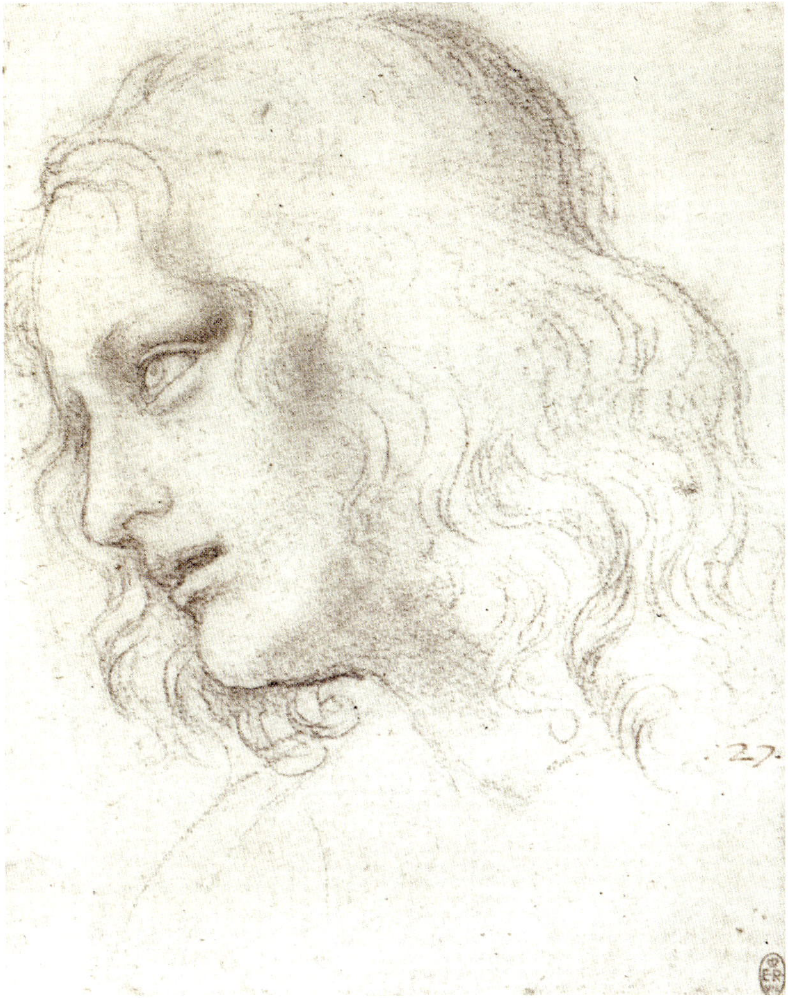

Abb. 44. ***Studie zum Kopf des Philippus.*** **Windsor Castle, Royal Collection.**

Kenntnis nehmend (Bartholomäus), schreckhaft abwehrend (Andreas) oder auch im Vertrauen auf einen höheren Sinn hinnehmend (Johannes) – je nach Charakter, Temperament und eigener Betroffenheit.[10]

So gewahrt man bei eindringlicher Betrachtung dieses auf den ersten Blick so symmetrisch erscheinenden Bildes ein dichtes, subtiles Gewebe von Polaritäten, Antagonismen und gebrochenen Symmetrien, ein höchst lebendiges Gebilde, das von vielfältigem Auf und Ab, Dehnen und Ballen, Aufregung und Beruhigung, Dunkel und Licht, Schwere und Leichte, Lasten und Entlasten, Ein- und Ausatmen durchpulst ist.

Leonardo, Malerregeln (zitiert nach Lücke).

» Die Gestalt, die durch die Gebärde die Bewegung ihres Gemütes am besten ausdrückt, verdient das meiste Lob.

Das Gemälde oder die gemalten Gestalten müssen so beschaffen sein, dass diejenigen, die sie betrachten, an ihren Haltungen leicht erkennen können, was ihnen durch den Sinn geht.

Zeige auch, wie einige Greise vor Erstaunen über die gehörten Sätze die Mundwinkel herabziehen, die Wangen dabei in viele Falten legen und die Brauen hochziehen, sodass dort, wo sie zusammenstoßen, viele Falten entstehen. «

Realer und imaginärer Raum

Begibt man sich in die hintere Raumhälfte des Refektoriums von Santa Maria delle Grazie und wendet den Blick dem die gesamte Nordwand einnehmenden Wandgemälde Leonardos zu, so offenbart schon der erste Eindruck, dass der gemalte Abendmahlraum, der ohne die Figurengruppe immerhin circa vier Fünftel der Bildfläche einnimmt, als Fortsetzung des realen Refektoriumsraumes angelegt worden ist.

Die ursprüngliche Beleuchtungssituation, wenn am Nachmittag und am frühen Abend der helleren Jahreshälfte das durch die Fenster eindringende Tageslicht auf die gegenüberliegende Wand fiel, ließ diese Kontinuität noch wesentlich deutlicher erkennen. Leonardo hat auch die realen Lichtverhältnisse in das Gemälde integriert, denn auch dort ist die rechte Seite erhellt, die linke dagegen liegt im Schatten. Auch der gemalte Fußboden gibt möglicherweise den ursprünglichen Bodenbelag des Refektoriums wieder, wäre also die Verlängerung desselben in den Bildraum hinein. Die Fugenlinien des Fußbodens sowie die Stege und seitlichen Begrenzungslinien der kassettierten Decke, die sich im Übrigen entsprechen (je fünf Linien trennen sechs Bahnen), treffen sich, ebenso wie die Oberkante der Wandteppiche an den Seitenwänden, in ihrer Verlängerung im zentralen Fluchtpunkt, der sich auf der rechten (vom Betrachter aus linken) Schläfe Christi befindet. Die Tiefenwirkung des zentralperspektivischen Raumes wird wiederum ausgeglichen durch die betonte Horizontale der langen Tafel.

Der ideale Standpunkt des Betrachters

Der ideale Punkt, von wo das Auge des Betrachters die relative Einheit von realem Refektoriumsraum und gemaltem Abendmahlsraum wahrnehmen kann, liegt, wie man errechnet hat, 10,29 Meter vom Wandbild entfernt auf der Mittellinie des Raumes in 4,45 Metern Höhe über dem jetzigen Bodenniveau, das 1 bis 1,5 Meter über dem ursprünglichen liegt (siehe Abb. 45, Punkt A). Die Verklammerung von Refektoriumsraum und Bildraum ist für eine Abendmahlsdarstellung etwas völlig Neues. Hierdurch und durch die Positionierung des Abendmahlstisches mit Christus und den zwölf Aposteln im Bildvordergrund erreichte Leonardo eine starke Präsenz der (heiligen) Abendmahlsgesellschaft im (profanen) Speiseraum der Mönche. In diesem waren die Tische u-förmig entlang der Wände angeordnet, dem *Abendmahl* gegenüber befand sich der Tisch des Priors und seiner Gäste, zu denen zweimal in der Woche der Herzog Ludovico gehörte. So hatte es noch Goethe im Jahre 1788 gesehen und beschrieben und, da sich an der vierten Seite vor der Abendmahlsdarstellung kein Tisch befand, auch gleich den richtigen Schluss aus dieser Tatsache gezogen: »Christus sollte sein Abendmahl bei den Dominikanern in Mailand einnehmen.«[1]

Diese lebendige Nähe der Abendmahlsgesellschaft mit Christus und den Seinen könnte sich jedoch niemals entfalten, hätte Leonardo lediglich die Gesetze der Perspektive in einseitiger und ausschließlicher Weise zur Anwendung gebracht, wie dies auf vielen Frühreanissance-Gemälden

Abb. 45. Längsschnitt durch das Refektorium mit Projektion des gemalten Abendmahlraums (nach Pedretti).

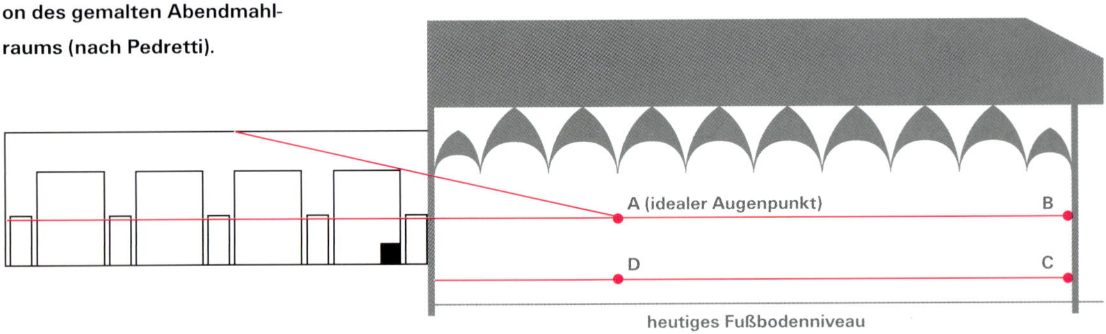

zu beobachten ist. Echte Kunst überschreitet den Geltungsbereich der Wissenschaft und findet jenseits dessen ihre eigentliche Sphäre. So hat Leonardo zum Zwecke der intensiveren Vergegenwärtigung der Abendmahlgruppe die Tischfläche in Aufsicht wiedergegeben, wie sie der Betrachter eigentlich nur von einem stark erhöhten Standpunkt aus wahrnehmen könnte. Sonst wäre – man bedenke, dass beim ursprünglichen Bodenniveau der ideale Augenpunkt mehrere Meter über der Augenhöhe eines am Tisch sitzenden Mönchs lag – von der Tischfläche und allem, was sich darauf befindet, wegen der eigentlich ›richtigen‹ Untersicht fast nichts zu sehen gewesen; insbesondere die für die Bildaussage wesentlichen Gebärden Christi und Judas', aber auch die des Johannes, blieben dem Betrachter verborgen.

Weiter zeigt die genaue Untersuchung, dass die zunächst so lang erscheinende Tafel für die gesamte Tischgesellschaft in Wirklichkeit zu klein ist. Man versuche nur, sich etwa Thomas, Philippus und Matthäus an ihrem Platz sitzend vorzustellen oder Petrus und Judas in ›korrekter‹ Sitzhaltung. – Welch unangemessene drangvolle, ja qualvolle Enge! Diese Tatsache hat bereits der mit ›anschauender Urteilskraft‹ begabte geniale Beobachter Goethe bemerkt und zugleich in ihrer höheren Wahrheit gewürdigt: Es zeichne eben einen Meister aus, »dass er zu höhern Zwecken mit Vorsatz einen Fehler begeht« und sich nicht um das »Richtige« bekümmert, das »nicht sechs Pfennige wert« ist, »wenn es weiter nichts zu bringen hat« (siehe S. 58).

Abb. 46. Ansicht des dreidimensional rekonstruierten Abendmahlraums von den in Abb. 45 markierten Augenpunkten B, C und D (nach Naumann).

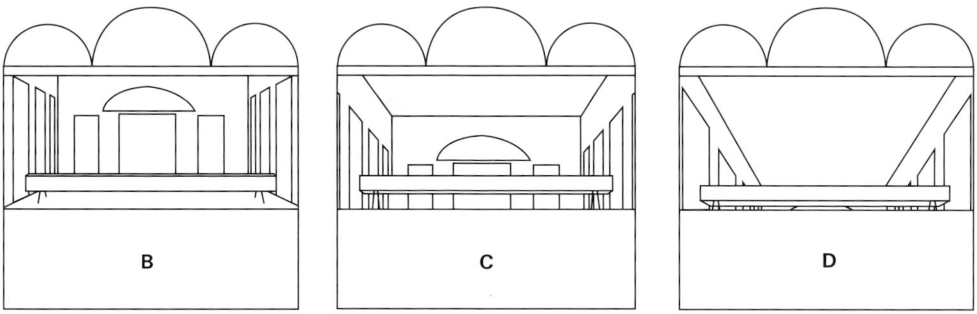

Künstlerische Wahrheit statt perspektivischer Richtigkeit

Auch die Köpfe der Apostel sind nicht nach der eigentlich erforderlichen zentralperspektivischen ›Richtigkeit‹ wiedergegeben, sondern jeder einzelne erscheint, ob er sich nun an den äußeren Enden der Tafel oder in der Mitte befindet, dem Betrachter frontal gegenüber. Dies verleiht ihnen eine deutlich gesteigerte Präsenz. Diese Gegenwärtigkeit der Abendmahlgruppe als Ganzes im realen Raum des Refektoriums (dessen gewölbte Decke jedoch nicht der gemalten Kasettendecke entspricht) wird auch dadurch erzeugt, dass diese bemalte Wandfläche wie eine Bühne wirkt, wobei der Abendmahlstisch fast bis an die vordere ›Rampe‹ gerückt ist. Diese Illusion erreicht Leonardo mit dem gemalten Fries, der das Gemälde nach oben abschließt, sowie mit den beiden hellgrauen Streifen, die das Bild zu beiden Seiten rahmen. Unter diesen hat man sich nur teilweise sichtbare Eckpfeiler vorzustellen, die den Fries beziehungsweise den Architrav stützen. So entsteht der Eindruck einer Guckkastenbühne mit einem vorspringenden Proszenium, auf dem

Johann Wolfgang Goethe, Das Relief von Phigalia, 1818.

»Leonardo da Vinci, der für sich selbst eine ganze Kunstwelt war, mit dem wir uns viel und lange nicht genug beschäftigten, erfrecht sich eben der Kühnheit wie die Künstler von Phigalia. Wir haben das Abendmahl mit Leidenschaft durchgedacht und durchdenkend verehrt; nun sei uns aber ein Scherz darüber erlaubt. Dreizehn Personen sitzen an einem sehr langen schmalen Tische; es gibt eine Erschütterung unter ihnen. Wenige blieben sitzen, andere sind halb, andere ganz aufgestanden. Sie entzücken uns durch ihr sittlich leidenschaftliches Betragen, aber mögen sich die guten Leute wohl in Acht nehmen, ja nicht etwa den Versuch machen, sich wieder niederzusetzen; zwei kommen wenigstens einander auf den Schoß, wenn auch Christus und Johannes noch so nahe zusammenrücken. Aber eben daran erkennt man den Meister, dass er zu höhern Zwecken mit Vorsatz einen Fehler begeht. Wahrscheinlichkeit ist die Bedingung der Kunst, aber innerhalb des Reiches der Wahrscheinlichkeit muss das Höchste geliefert werden, was sonst nicht zur Erscheinung kömmt. Das Richtige ist nicht sechs Pfennige wert, wenn es weiter nichts zu bringen hat.«

die Abendmahlsgesellschaft versammelt ist. Mit dieser Bühnenwirkung, die auch durch die Tatsache erzielt wird, dass das Gemälde mehrere Meter über dem realen Fußboden des Refektoriums ansetzt, erreicht Leonardo andererseits auch wieder eine gewisse gebotene Distanz zum realen und profanen Bereich des Speiseraums. Denn das Abendmahlsgeschehen und die dabei Beteiligten gehören einer wahrhaft höheren, sakralen Sphäre an und müssen daher trotz aller Vergegenwärtigung auch räumlich ›erhöht‹ werden.

Die Tiefe des gemalten Raums

Bei näherer Betrachtung wirft der Abendmahlraum als solcher noch zahlreiche weitere Fragen auf, und es ist daher nicht zufällig, dass sich die kunsthistorische Forschung mit dieser rätselhaften, hochkomplexen gemalten Architektur bis heute immer wieder – mit immer subtileren Methoden – eingehend beschäftigt, ohne allerdings bisher zu einem allgemeinen Konsens gelangt zu sein. Mag die Analyse selbst auch Sache der Spezialisten sein, die Ergebnisse jedoch (nur die plausibelsten seien hier vorgestellt) können auch jeden Laien erneut über die ingeniöse Erfindungskraft Leonardos und seine souveräne Beherrschung der Geometrie, Perspektive und Optik staunen lassen.[2] Überdies bietet sich hier eine hervorragende Gelegenheit, im geistigen Nachvollziehen die eigenen Beobachtungs- und Wahrnehmungsfähigkeiten zu schulen.

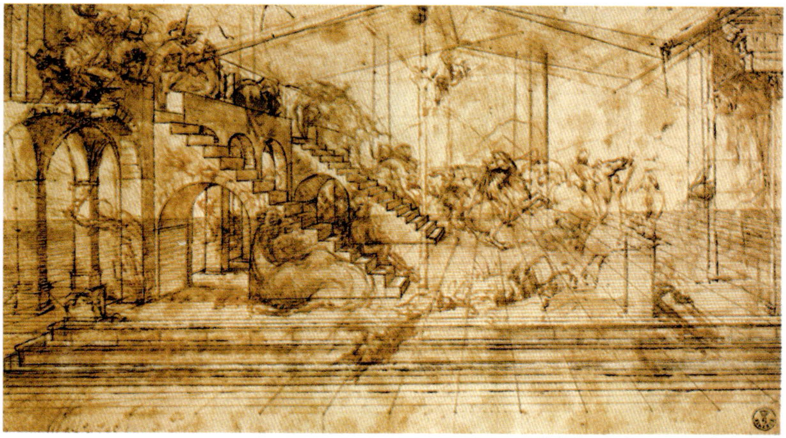

Abb. 47. Studie zur *Anbetung der Könige* mit Hilfslinien zur Fluchtpunktkonstruktion und perspektivischen Verkürzung. Florenz, Galleria degli Uffizi.

Im Gegensatz zu den unmittelbaren Vorläufern (von Andrea Orcagna, Andrea del Castagno, Ghirlandaio, Perugino), aber auch Nachfolgern (etwa von Andrea del Sarto),[3] bei denen die Abendmahlstafel direkt vor einer Wand platziert ist, öffnet sich auf Leonardos Bild hinter der Abendmahlstafel ein tiefer Raum, der sich zudem durch eine Tür in der Mitte und zwei flankierende Fenster ins Freie öffnet. Strukturiert ist dieser Raum, von dessen Fußboden nur ein schmaler Streifen unter und vor dem nach vorne gerückten Abendmahlstisch zu sehen ist, durch die Wandteppiche[4] auf beiden Seiten und die dazwischen angedeuteten Seitentüren (links höher, rechts niedriger)[5] sowie durch die Kassettendecke. Nun hat Leonardo aber durch den das Bild oben abschließenden gemalten Architrav die Illusion erzeugt, als ob dieser zusammen mit der darüber liegenden Wand die vordere Hälfte der Kassettendecke

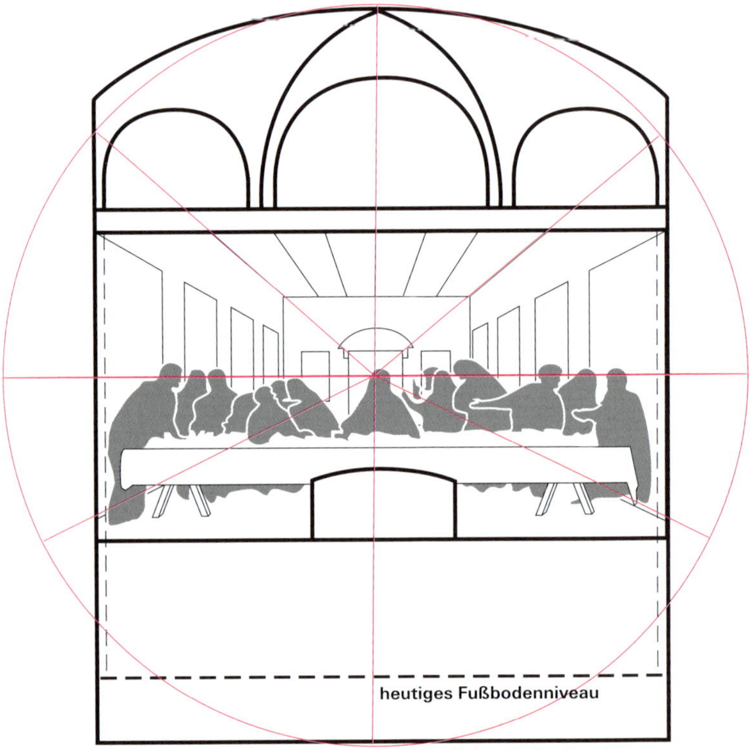

Abb. 48. Zentralperspektivische Konstruktion des Abendmahlraums (nach Pedretti).

verdecken würde. Der Architrav setzt vorne mit seiner Unterkante genau auf der Höhe der Oberkante der Teppiche an. Weiter hinten bemerkt man erst den Abstand der Teppiche von der Decke.

Die Art der Deckenkonstruktion ist auch konstituierend für den gesamten Bildaufbau: Nicht nur entsprechen die Längsstege zwischen den Kassetten genau spiegelbildlich den Längsbahnen des Fußbodens, sondern auch die Breite der Kassetten bildet ein Modul, ein Grundmaß also für die Proportionierung der gesamten Bildfläche! Hier wird der ungeheure Abstand deutlich, der Leonardo von allem Vorhergehenden trennt: »Erst mit Leonardo ist die unperspektivische Welt ausgeträumt, erst mit ihm wird die perspektivische klar gedacht« (Jean Gebser).[6]

Musikalische Proportion und räumliche Ordnung

Bei dieser so virtuosen Handhabung von Perspektiv- und Proportionsgesetzen überrascht es nicht, ja ist es sogar zu erwarten, dass Leonardo in dieses Bild auch spezielle ›musikalische‹ Proportionen im Sinne der pythagoreischen Harmonik integriert hat.

In der Tat sind diese mehrfach zu finden, beispielsweise in der Proportionierung der Wandteppiche. Diese sind zunächst einmal in das System der Zentralperspektive integriert, insofern sich die Verlängerungslinien der Teppichoberkanten im zentralen Fluchtpunkt treffen. Eine genaue Messung der Teppichbreiten ergibt allerdings, dass die perspektivische Verkürzung nicht im zu erwartenden Maß erfolgt. Leonardo erreicht mit dieser erneuten Durchbrechung der Regel zunächst eine gewisse optische ›Abbremsung‹ der perspektivischen Sogwirkung. Doch ist die Art dieser ›Disproportionierung‹ keine zufällige, sondern stellt sich bei genauem Nachmessen als ein exakt berechnetes Proportionsverhältnis heraus, das den musikalischen Intervallen der Oktave (6:12 beziehungsweise 1:2), Quinte (4:6 beziehungsweise 2:3) und Quarte (3:4) entspricht. Die Maßeinheit aber, in der diese Zahlenverhältnisse in Erscheinung treten, entspricht der Kassettenbreite der Decke!

Diese Proportionen spielten in der damaligen Architektur- und Musiktheorie eine wichtige Rolle und finden sich im Übrigen auch auf Raffaels

Abb. 49. Tafel mit den pythagoreischen Maßverhältnissen. Detail aus Raffaels Fresko *Die Schule von Athen*. Rom, Vatikan, Stanza della Segnatura.

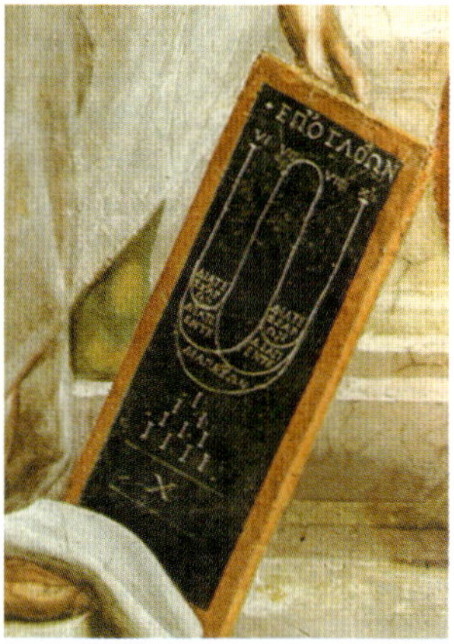

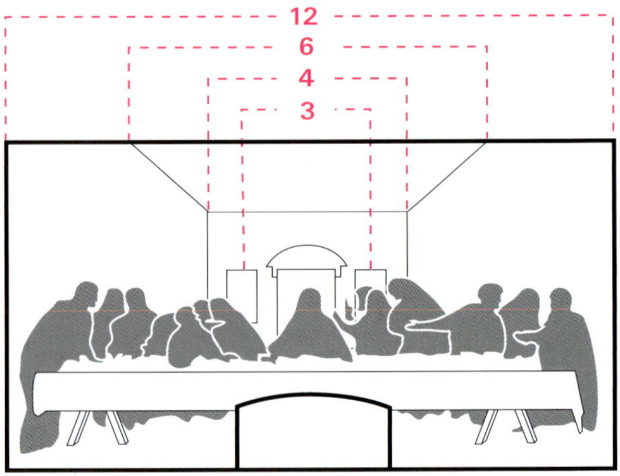

Abb. 50. Pythagoreische Maßverhältnisse in der Raumkonstruktion (nach Brachert).

pythagoreischer Tafel im Fresko der so genannten *Schule von Athen.* Die Abschnitte zwischen den Teppichen sind dagegen im Verhältnis der ›divina proportione‹, des Goldenen Schnitts, proportioniert. Doch nicht nur bei den Wandteppichen sind diese Proportionsverhältnisse zu finden, sondern auch in der Breitendimensionierung des Bildes. Gesamte Bildbreite, vordere Deckenbreite, Rückwand und Fensterzone verhalten sich ebenfalls wie 12:6:4:3 beziehungsweise umgekehrt, von der Fensterzone sich steigernd bis zur Bildbegrenzung, wie 3:4:6:12. Damit aber ergibt sich ein von Christus ausstrahlendes harmonisches Diagramm ›vollendeter‹ musikalischer Maßverhältnisse.

Diese Maßverhältnisse haben im Abendland eine uralte, mindestens auf Pythagoras zurückgehende Tradition, die immer auch kosmologische Vorstellungen der Sphärenharmonie oder des Weltenbaus als musikalisch proportionierte Architektur einschloss, im christlichen Mittelalter zu einer der geistigen Voraussetzungen des Kathedralbauimpulses wurde und im Neuplatonismus der Renaissance wieder auflebte. Indem Leonardo diese harmonischen musikalisch-kosmischen Proportionen auf höchst subtile Weise im Sinne eines zunächst nur unbewusst wahrnehmbaren von Christus Ausstrahlenden gestaltet hat, weist er darauf hin, dass sich das dramatische Geschehen der Passion, deren Beginn das Letzte Abendmahl ist, in die höhere Harmonie des Erlösungsgeschehens einfügt.

Bedeutungselemente in Leonardos Bildkomposition

Die ruhende Mitte dieser aufgewühlten Menschengemeinschaft, zugleich das Zentrum des Bildes, ist Christus. Doch ist seine Ruhe »voller Gespanntheit und voll von Vergangenheit und Zukunft« (Heinrich Theissing).[1] In ihm treffen sich alle Fluchtlinien; sein Haupt ist Fluchtpunkt und zugleich ausstrahlendes Zentrum, von dem sich die Fluchtlinien in den Raum hinein ausbreiten, dem Betrachter entgegen. Die Dreiecksform des Oberkörpers Christi mit ihrer breiten Basis unterstreicht das Ruhende, die ausgestreckten Arme das Ausstrahlende.[2] Sie verleiht der Gestalt Christi eine gewisse vom Künstler gewollte Monumentalität. Ein genauer Vergleich vor allem mit den mehr oder weniger aufgerichteten Tischgenossen (Bartholomäus, Philippus, Matthäus) ergibt, dass diese trotz der Neigung ihres Oberkörpers beziehungsweise Kopfes Christus deutlich überragen müssten. Leonardo hat die tatsächlichen Größenverhältnisse zugunsten der Dominanz Christi unmerklich korrigiert.

Die Landschaft

Die drei Öffnungen in der Rückwand, die zugleich an die drei Apsisfenster mittelalterlicher Kirchen erinnern, sind von nicht zu unterschätzender Bedeutung für den Gesamteindruck des Gemäldes. Der Raum öffnet sich, der Blick wird hinaus ins Freie gelenkt, in eine »lombardische Hügellandschaft in sanftem Abendsonnenglanz« (Woldemar von Seidlitz). Christus ist die mittlere, größere Wandöffnung als Hintergrund vorbehalten. Der obere Teil seines Hauptes ragt über die Horizontlinie hinaus und vermittelt – nicht ohne genaue Überlegung seitens Leonardos – zwischen Himmlischem und Irdischem. Die Landschaft steht hier für die gesamte Erde, mit deren Ätherumkreis sich der auferstandene Christus im Ereignis der so genannten ›Himmelfahrt‹ verbindet.

»Am größten in allen Bildern, von Menschenhand gemalt, lebt die Erde das Geschehen mit in Lionardos Abendmahl. Da vollzieht sich die Wandlung, die für die ganze Erde ein ›Weltverjüngungsfest‹ einleitet. Die Mutter Erde verspürt, was mit ihren reifsten Früchten in den Händen des Christus geschieht; sie selbst lebt im Brote und im Wein und empfängt die wandelnde Weihe mit. Wie die Erde mit dabei ist, zeigt Lionardo, indem er uns hinter der Gestalt des Christus durch das Fenster in die weite sonnen- und lufterfüllte Landschaft mit den fernen, wunderbar geformten Bergzügen hinausschauen lässt. Das Fenster ist nicht für unseren Blick da – wie sollte er von dem Bilde des heiligsten Mahles abgleiten können! –, sondern es ist da, damit die Erde sehen kann, was mit ihren Früchten geschieht und dadurch auch mit ihr selbst. Conrad Ferdinand Meyer verstand den tief geheimnisvollen Geistesvorgang des Miteinbeziehens der Landschaft:

In lichtem Wolkenraume
Sah ich den Herrn das Brot den Zwölfen brechen
Und ahnungsvolle Liebesworte sprechen;
Weit über ihre Häupter lud die Erde
Er ein mit allumarmender Gebärde.« (Emil Bock)[3]

Das Kreuzsymbol als Bauplan des Bildes

Die durch die Raumöffnung hervorgerufene Wirkung wird nicht unwesentlich dadurch unterstützt, dass die Rückwand dunkelfarbig und nicht bloß verschattet ist. Zugleich nimmt der helle Landschaftsausschnitt hinter dem Haupt Christi auf subtile Weise die Funktion eines Nimbus ein. Ja sogar die dem herkömmlichen Kreuznimbus Christi eigentümliche Kreuzesform ist in der Komposition des Bildes hintergründig angelegt. Das Haupt Christi befindet sich genau in der Bildmitte; in ihm kreuzen sich nicht nur die Fluchtlinien, sondern auch jene Mittelach-

Abb. 51. Christus.
Detail aus dem *Abendmahl*.

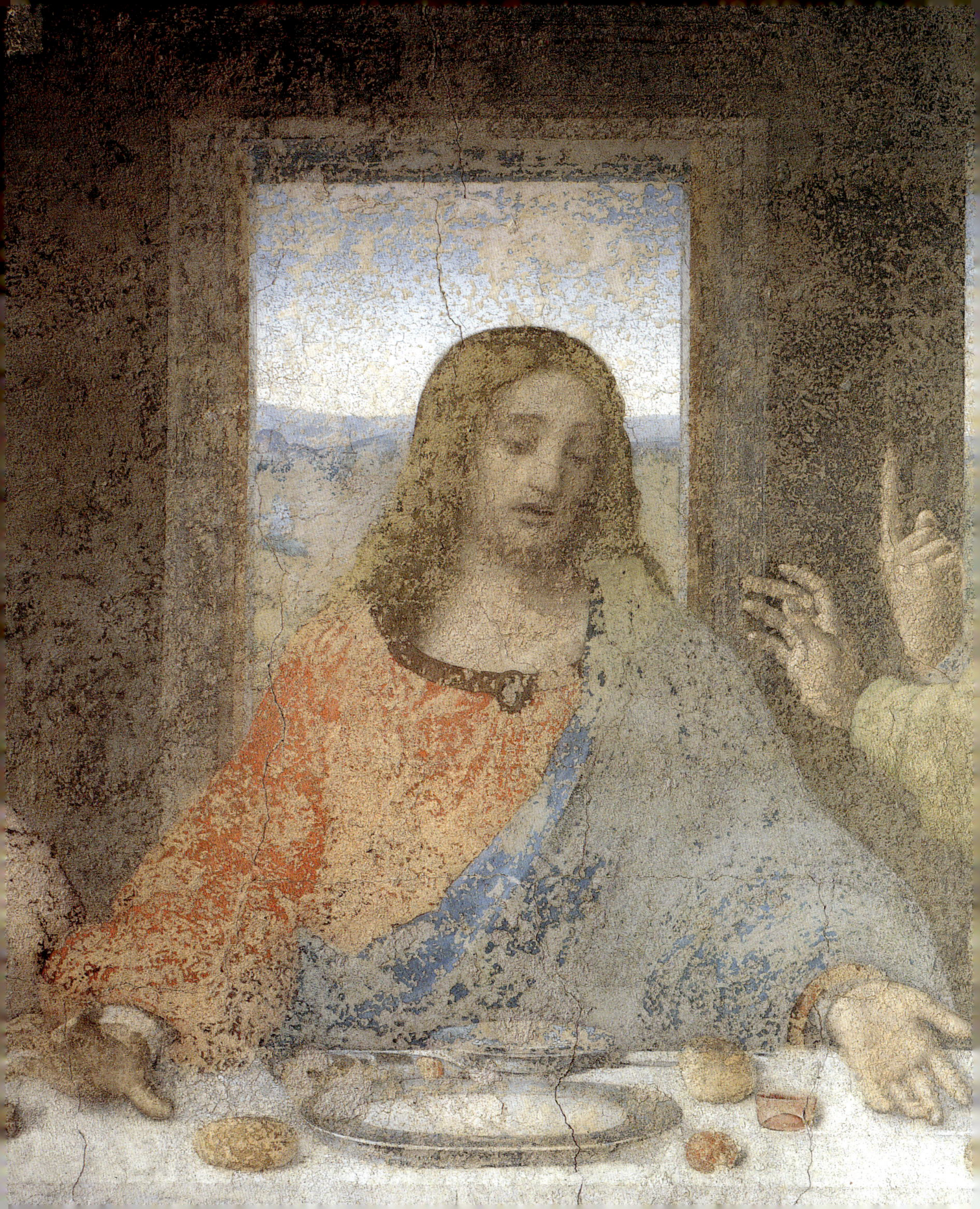

sen, die das Gemälde horizontal wie vertikal halbieren.[4] Anschaulicher und bildimmanenter wird diese Vorstellung, wenn man die äußeren Begrenzungslinien der Decke sowie die obere Linie der Wandteppiche (die nicht sichtbare untere müsste ebenfalls berücksichtigt werden) bis zum Haupt Christi weiterführt. So ergibt sich ein gewissermaßen das gesamte Gemälde umfassender Kreuznimbus. Das Zeichen des Kreuzes, der Hinweis auf die bevorstehende Passion und ihren Höhepunkt, den Tod Christi am Kreuz noch vor Tagesfrist, ist also als offenbares Geheimnis der symbolhaltige Bauplan des ganzen Bildes. Die Vorstellung des Kreuznimbus wird noch konkreter durch die Einbeziehung des Kreissegment-Giebels über der mittleren Wandöffnung oberhalb des Hauptes Christi. Dieser Bogen hat zum einen eine wichtige ästhetische Funktion als Ausgleich und Abmilderung der strengen Rechtwinkligkeit der Raumesdarstellung. Zum anderen betont er die Gestalt Christi und unterstützt, als eine Art Baldachin-Abbreviatur, dessen Erhabenheit. Darüber hinaus kann in ihm, gedanklich zum vollen Kreis ergänzt, der das Haupt Christi mit umfasst, wiederum die Andeutung eines Nimbus gefunden werden (siehe Abb. 52).

Das Kreuz ist das Zeichen des Opfertodes Christi. Dieser Tod, das vorangehende Letzte Abendmahl sowie die auf den Tod folgende, diesen besiegende Auferstehung Christi sind die Grundtatsachen und konstituierenden Ereignisse des Christentums. Ihrer wird bei jeder christlichen Mess- beziehungsweise Abendmahlsfeier gedacht.

Die Einsetzung der Eucharistie

Das Letzte Mahl Christi mit den zwölf Jüngern am Passahfest wird durch die Einsetzung der Eucharistie zum Urbild jeglicher christlicher Abendmahlsfeier. Auch Leonardos Bild umfasst neben dem Verrat diese positive Bedeutungsdimension.[5] Die ausgestreckten Arme des Christus weisen nämlich auf Brot und Wein. Seine Linke, mit nach oben gewendeter Handinnenfläche, berührt fast ein vor ihr liegendes Brot, während die Rechte in umgekehrter Haltung – wiederum eine Äußerung der hier allenthalben festzustellenden Polarität – nach einem halb vollen Becher Wein greift. Diese sich nur im stillen Zentrum des

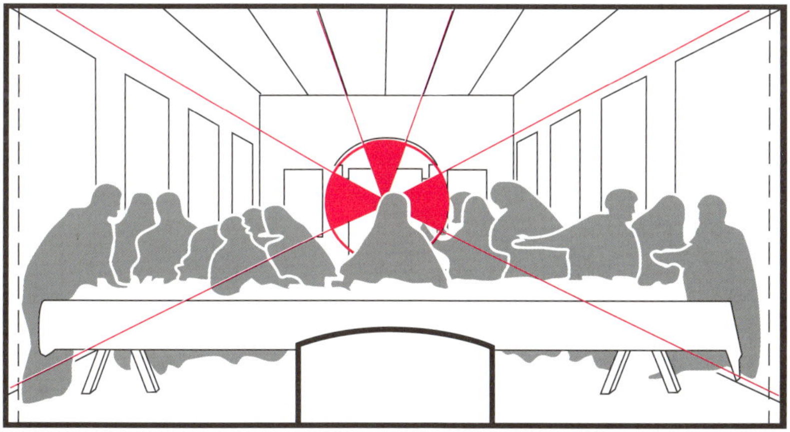

Abb. 52. Gedachter Kreuznimbus Christi, wie er in der Komposition des Bildes angedeutet ist.

Bildes, in der Person Christi und ihrer Gebärde leise sich andeutende, aber doch unmissverständlich offenbarende Geste als Urbild des christlichen Kultus dominiert den negativen Aspekt der bloßen Verratsankündigung bei weitem und verleiht dem Werk eine besondere Tiefe und zeitlose Würde.

Mit der zentralen Bedeutung von Brot und Wein im Zentrum des Bildes hängt es wohl zusammen, dass die mittlere der drei großen Schalen, die sich unmittelbar vor Christus zwischen seinen Armen befindet, leer bleibt – ein Umstand, der ohne diese Sinnkonstellation befremdlich erscheinen müsste. Üblicherweise hätte diese Schale das Osterlamm aufzunehmen. Dieses befindet sich aber auf einer Schale weiter rechts, während ein ähnliches Gefäß auf der linken Seite direkt vor dem Brüderpaar Andreas und Petrus, den Fischern und Erstberufenen, ungewöhnlicherweise, doch nicht ohne Bedacht, Fische enthält. Fische als Abendmahlspeise, ein auf Christus bezogenes frühchristliches Symbol, trifft man sonst nur auf den ältesten Darstellungen an, am schönsten auf jener in Ravenna (siehe Abb. 13).

Die spezifische Gebärde des Christus mit den seitlich und nach vorne gespreizten Armen, mit der die Einsetzung der Eucharistie erfolgt und die ihm auch die symbolhaltige Dreiecksform verleiht, ist nur dadurch möglich, dass Johannes hier nicht an seiner Brust ruht. Für diese Durchbrechung des traditionellen Bildschemas fand Leonardo eine natürliche Begründung, indem er sich auf die im Johannes-Evangelium, also auf eine aus erster Quelle berichtete Episode bezog, in der Petrus den Lieblingsjünger und späteren Evangelisten beauftragt, Christus nach dem Namen des Verräters zu fragen. Johannes hat sich von der Seite Christi erhoben und neigt Petrus, der ihm die besagte Frage ins Ohr flüstert, auf dessen leisen Anruf hin sein Haupt zu. Gleich darauf wird er diese Frage an Christus richten, der sie mit dem Hinweis auf jenen Bissen beantwortet, den er dem Verräter reicht. Auch Jakobus der Jüngere demonstriert durch das Antippen der Schulter des Petrus seine Wissbegier in dieser Sache. Petrus wird wohl, nachdem er seine normale Position wieder eingenommen hat, ihn und die anderen Sitznachbarn zumindest über den Inhalt seiner Frage in Kenntnis setzen. Leonardo hat hiermit also auch einen zeitlichen Ablauf ins Bild gebracht, diesem eine erzählerische Qualität verliehen.[6]

Die Gebärdensprache und ihre Bedeutung

Bei allen Gestalten sind die gesamte Körperhaltung, die Gestik der Arme und Hände sowie der Ausdruck des Gesichts genau aufeinander abgestimmt. Sie bilden jeweils eine Ganzheit und ergänzen sich zu einer einzigen, den Betreffenden charakterisierenden Gesamtgebärde. Das trifft besonders auf die Zentralfigur Christus zu. In seiner besonderen Haltung und Gebärde mit den ausgestreckten, ›offenen‹ Armen (siehe Abb. 51) kann aus dem Blickwinkel der Eurythmie die A-Geste erkannt werden, die am deutlichsten die Kosmosverbundenheit des Menschen anzeigt.[7]

In der differenzierten Gestaltung der Hände Christi hat Leonardo, wie auch bei denen der übrigen Dargestellten, von ihm rein aus der Beobachtung gewonnene, inzwischen aber als anthropologische Konstanten erkannte Gesten genau dem jeweiligen Aussagezweck angepasst. Die nach oben offene Hand gilt beispielsweise als Geste des Schenkens. »So legt der Redner seine Gaben dem Publikum gleichsam zu Füßen.«[8] Hier im Gemälde legt der anscheinend noch sprechende Christus – der halb offene Mund ist nach der jüngsten Restaurierung wieder zu erkennen (siehe Abb. 10 und 11) – seine Erlösungstat, die durch den

Verrat eingeleitet wird, den Aposteln und dem Betrachter, eigentlich der ganzen Menschheit ›zu Füßen‹. Die mit gespreizten Fingern nach unten weisende rechte Hand dagegen, die der linken des Judas begegnet, symbolisiert nach anthropologisch-empirischer Erkenntnis, »dass etwas niedergehalten oder abgewehrt werden soll« oder »bannend beschwört« wird. Einmal mehr darf man staunen, wie Leonardo auch auf dem Gebiet der Ausdruckskunde durch seine genauen Einzelbeobachtungen die theoretischen Traktate zur Affektenlehre im Allgemeinen und zur Gebärdensprache im Besonderen vorwegnimmt – ebenso wie die dadurch beeinflusste Malerei des 16. und 17. Jahrhunderts.[9]

Zugleich hat Leonardo die Symbolbedeutung von rechts und links[10] genau eingehalten: Die Linke ist als passive Hand Ausdruck des Sich-Hinopferns, die Rechte ist die gestaltende, aktive, hier vielleicht sogar auch in gewissem Sinne aufbegehrende, den Verrat abwehrende. Möglicherweise hat Leonardo hier ein inneres, sich in Christus selbst abspielendes Drama gestaltet, das sich in beiden so verschiedenen, gegensätzlichen Handhaltungen ausdrückt, nämlich das Drama von Tod und Leben. Mit der Mudra-artigen Geste Christi,[11] der nach oben geöffneten linken und der nach unten gewendeten rechten Hand, knüpft Leonardo an ein uraltes, archetypisches Bedeutungsmuster mit Mysteriencharakter an. Die nach oben gewendete Hand bedeutet Leben, die nach unten gewendete Tod; beides zusammen umfasst, in stetem Wechsel sich gegenseitig bedingend, die menschliche Existenz. Diesem Gestus begegnet man zum Beispiel in der Darstellung des tanzenden Shiva Nataraja, des die Welt zerstörenden und sie immer wieder neu erschaffenden Hindu-Gottes, sie findet sich im klassischen indischen Tanz ebenso wie im Tanz der Sufis und dem altgriechischen ›Kranichtanz‹. Vor dem gleichen Hintergrund sind auch die beiden für Leben beziehungsweise Tod stehenden Gestalten Cautes und Cautopates der Mithraskultbilder mit erhobener beziehungsweise gesenkter Fackel zu sehen.[12] Bei Leonardo weist Christus mit seiner nach unten gewendeten Hand, die der des Verräters Judas begegnet, auf seinen Tod hin, die nach oben gewendete wird überragt vom himmelwärts gerichteten Finger des Thomas und lässt sich als Verheißung von Auferstehung und Himmelfahrt deuten. Vor diesem Hintergrund kann man auch die Gestik des

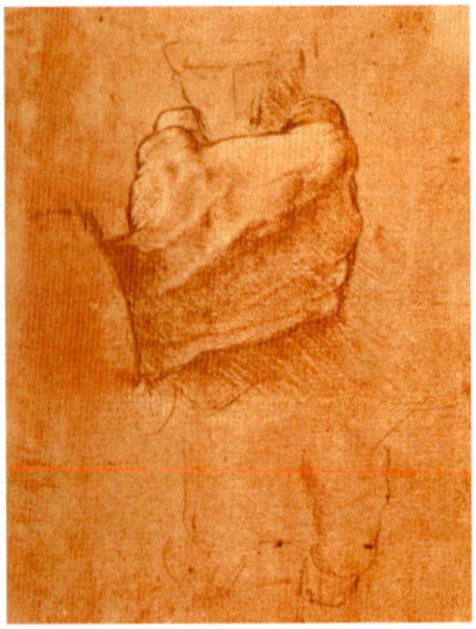

Abb. 53. *Studie zur rechten Hand des Judas.* Venedig, Gallerie dell' Accademia.

Judas, insbesondere seine der rechten Hand Christi konvergierende Linke noch mit anderen Augen betrachten.

Auch bei den Aposteln hat Leonardo einzelne Gesten oder Dinge als hintergründige Bedeutungsträger mit narrativer Qualität gestaltet. Der überlange, auffällig und energisch aufwärts gereckte Zeigefinger des Thomas[13] erinnert, neben seiner vordergründigen Bedeutung als Reaktion auf die Worte Christi, auch daran, dass er seine Zweifel an der Erscheinung des Auferstandenen nur dadurch überwinden konnte, dass er seinen Finger in die Wundmale Christi legte (Johannes 20,27). Damit aber wurde er in der mittelalterlichen Theologie zum eigentlichen Zeugen der Auferstehung und sein himmelwärts deutender Finger zum Sinnbild der Himmelfahrt.[14] Die in die Hüfte gestemmte rechte Hand des Petrus (hinter dem Rücken des Judas) hält mit festem Griff ein Messer, welches hier zunächst als Essbesteck seine Berechtigung haben mag. Doch abgesehen davon, dass es das einzige Messer im ganzen Bild ist, trägt seine Größe und Form doch eher waffenartigen Charakter und weist somit auf das wenige Stunden später folgende Ereignis hin, bei dem Petrus in militanter Verteidigungsbereitschaft Malchus ein Ohr abhauen wird (während sich ihm hier das Ohr des Johannes bereitwillig zuneigt und das des Judas unfreiwillig die eindringlich nachforschende Frage nach dem Namen des Verräters vernimmt). So wird das Messer in gewissem Sinne zum Attribut des Petrus.

Außer Petrus hält nur Judas einen wiederum in seiner Bedeutung ambivalenten Gegenstand in der rechten Hand: den gefüllten Geldbeutel (Abb. 53). Dieser Beutel ist zunächst einmal die von ihm verwaltete gemeinsame Kasse (Johannes 12,6), doch assoziiert man mit ihm zugleich und wohl vor allem den Verräterlohn der dreißig Silberlinge. Außerdem stößt Judas, was die Heftigkeit des überraschten Zurückschreckens höchst lebendig veranschaulicht, scheinbar zufällig ein Salzfass um.[15] Er verwirft damit symbolisch die auch für ihn ausgesprochene Verheißung Christi, »Salz der Erde« zu sein, und kündigt so die Verbundenheit mit Christus auf.[16]

Das Geheimnis der Mitte: Christus, Judas und Johannes

Das Verhältnis zwischen Christus und Judas, das zwischen beiden sich abspielende Drama ist das eigentliche Spannungszentrum des Bildes. Sie sind die Einzigen, die das hier dunkel lastende Geheimnis kennen: den Verrat. Der Gegensatz zwischen diesen beiden Protagonisten findet seinen beredten Ausdruck in ihrem Spiel der Hände. Während auf der rechten Seite der ausgestreckte, frei und leicht in der Luft schwebende linke Arm Christi in die offene, ›hin-gebende‹ Hand (die bald von einem Nagel durchbohrt sein wird) mündet, findet auf der linken Seite der spitzwinklige rechte Arm des Judas, der schwer auf dem Tisch lastet, seine Fortsetzung in der den gefüllten Beutel umklammernden, ja umkrallenden Faust. (Oder hält sich Judas etwa am Beutel fest?) Während in diesen Gesten das Prinzip der Polarität am deutlichsten zum Ausdruck kommt, findet das ›Drama der Hände‹ seinen Höhepunkt in der spannungsgeladenen Annäherung der fast gleich gestalteten rechten Hand Christi und der linken des Judas.

Genau zwischen diesen beiden gespreizten, aktiven Händen aber ruhen die verschränkten, geschlossenen Hände des Johannes – ein Kontrapunkt zu sämtlichen anderen Händen auf diesem Bild, abgesehen von einer gewissen inneren Verwandtschaft mit der linken, ›passiven‹ Hand Christi. In direktem Gegensatz zu Jakobus dem Älteren, seinem Pendant auf der anderen Seite, der die Hände am weitesten auseinander spreizt, bringen die des Johannes zusammen mit den geschlossenen Armen (wiederum die einzigen in dieser Haltung) in unübertrefflicher Weise sein allen äußeren Vorgängen entrücktes In-sich-Ruhen, seine

Abb. 54. Positionen der Hände in Leonardos *Abendmahl*.

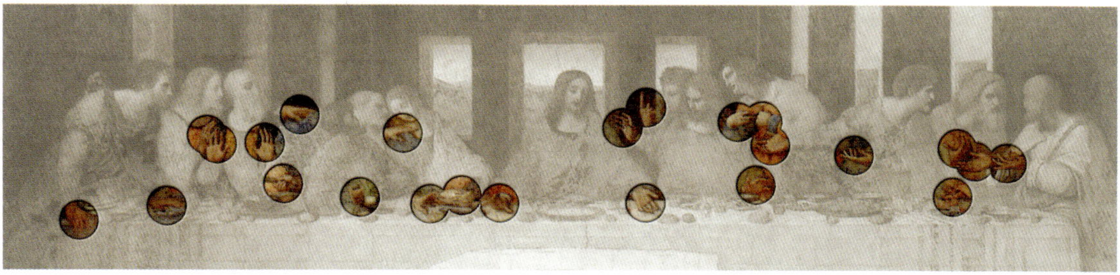

Friedrich Rittelmeyer, *Meditation. Zwölf Briefe über Selbsterziehung.*[17]

» Wir denken an Lionardos Abendmahl. Es ist nicht nur ein schöner künstlerischer Einfall, sondern eine wirkliche Offenbarung, wie sich auf dem Gemälde Christus in seiner schenkend geöffneten linken Hand in das Brot auf dem Tisch hinein fortsetzt. Nimmt man dies in sich auf, so wird in Seelentiefen, die wir selbst gar nicht ergründen können, eine Wesensart in uns erbildet, die der Christusart ähnlich ist. Christus wirkt durch das Bild sakramental auf uns. Er lässt seine Kräfte auf uns übergehen und spendet uns eine Kommunion. Von da aus fragt man sich, ob nicht auch die Widersachermächte sich solcher ins Unbewusste und Undurchschaute wirkenden Mittel oft bedienen, um die Menschen, ohne dass sie es merken, zu verderben. Im Kampf gegen Christus sehen wir auf Lionardos Bild den Judas, der die der Christushand entgegengesetzte Hand nicht öffnet, sondern krampfhaft schließt und nicht das Brot, sondern den Stein, das starre Metall, in der Hand hält. Das sind die äußeren Hände des Judas und des Christus. Aber auch die inneren Hände reden miteinander und kämpfen miteinander auf verschiedene Weise. Zwei Geistesarten sprechen auf uns ein und rufen uns zur Wahl und zur Entscheidung. «

›Meeresstille des Gemüts‹ zum Ausdruck. Zu Recht wurde über diese Hände gesagt: »Mit dem Paar gefalteter Hände erreicht Leonardo das, wozu andere Maler einen ganzen schlafenden Johannes benötigen« (Brigitte Monstadt).

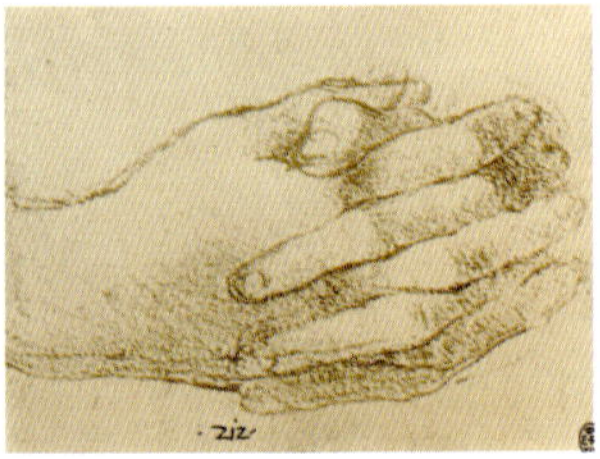

Abb. 55. *Entwurf für die Hände des Johannes.* Windsor Castle, Royal Collection.
Abb. 56 (rechte Seite). Johannes. Detail aus dem Abendmahl.

Eine ähnlich subtile Abstufung lässt sich auch bei den Gesichtern beobachten, angefangen bei der En-face-Ansicht des Johannes, der neben Christus als Einziger frontal dargestellt ist, über das reine Profil des Petrus bis hin zum verlorenen Profil des Judas, dessen Blickrichtung leicht nach hinten geht. Die Mittelstellung des Petrus drückt hier seinen geistigen Ort aus, nämlich zwischen Johannes und Judas.[18] Auf ihn, den Fels, will Christus zwar seine Kirche bauen, aber noch in derselben Nacht wird er seinen Herrn zwar nicht verraten, aber doch verleugnen.

Judas hingegen ist eindeutig als Verräter gekennzeichnet – jedenfalls für den Betrachter, der über ihn besser ›im Bilde‹ ist als sämtliche Apostel. Auch ohne Kenntnis der Evangelienberichte wäre Judas als Widerpart

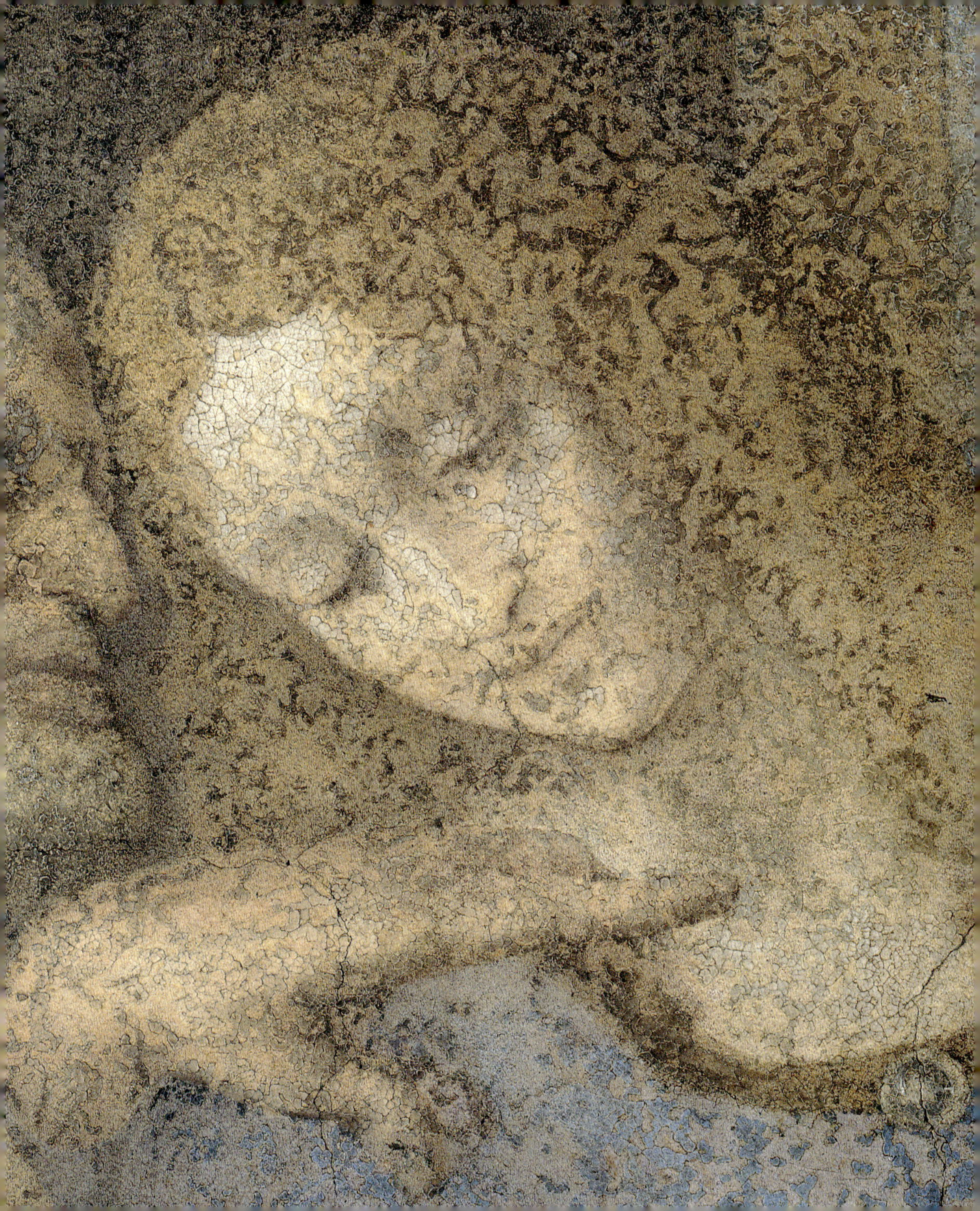

Christi zu erkennen durch seine dunkle, durch die Beleuchtungsverhältnisse allein nicht zu erklärende Hautfärbung, seine abstoßende Physiognomie und seine zu Christus antipodische Haltung und Gebärdung.

Dieser von Leonardo pointiert dargestellte äußerste Gegensatz von Christus und Judas ist es, der Rudolf Steiner an diesem Bild allein interessiert und auf dessen menschheitliche Bedeutung er mehrfach eindringlich hingewiesen hat. Denn anders als bei den übrigen Dargestellten ist das Lichte des Christusantlitzes (wie auch das des Johannes) und ganz besonders das Finstere des Judaskopfes nicht restlos aus den bildimmanenten Beleuchtungsverhältnissen, die einst den realen Beleuchtungsverhältnissen des Refektoriums entsprachen, abzuleiten.

»Nichts erklärt uns recht das Dunkel auf dem Gesichte des Judas. [...] Denn ebenso wenig wie die Schwärze, das Dunkel bei der Judasfigur berechtigt ist, ebenso wenig scheint das Sonnenhafte der Christus-Gestalt [...] im angedeuteten Sinne berechtigt zu sein. [...] der Maler hat wohl dahin gestrebt, wahr machen zu können, dass in diesen beiden Gegensätzen ›Jesus‹ und ›Judas‹ Licht und Finsternis nicht von außen, sondern innerlich motiviert uns entgegentreten.«[19]

Der Sonnengeist Christus, der sich bei der Taufe am Jordan mit dem Menschen Jesus von Nazareth verbunden hat, um durch den Tod zu gehen und diesen zu besiegen in jenem von Rudolf Steiner als »Mysterium von Golgatha« bezeichneten Vorgang, dem Wendepunkt der Welt- und Menschheitsentwicklung, leitet in dem hier dargestellten Ereignis, dem Letzten Abendmahl am Vorabend seiner Kreuzigung,

Hermann Beckh, *Der kosmische Rhythmus im Johannes-Evangelium.*[20]

» Zum Schwersten, so ahnen wir, was in jenen ganzen dramatischen Vorgängen des Abendmahles der Christus auf sich nimmt, gehört die Art, wie er die finstere Tat des Verräters in sein eigenes göttliches Bewusstsein aufnimmt, wie er diese finstere Tat selber wollen muss, weil ohne sie das große, zum Heile und zum Fortschritt von Erde und Menschheit zu wirkende Mysterium nicht vollbracht werden konnte. Erst das Johannes-Evangelium lässt uns ahnen, was die Judastat für Christus selber bedeutet. «

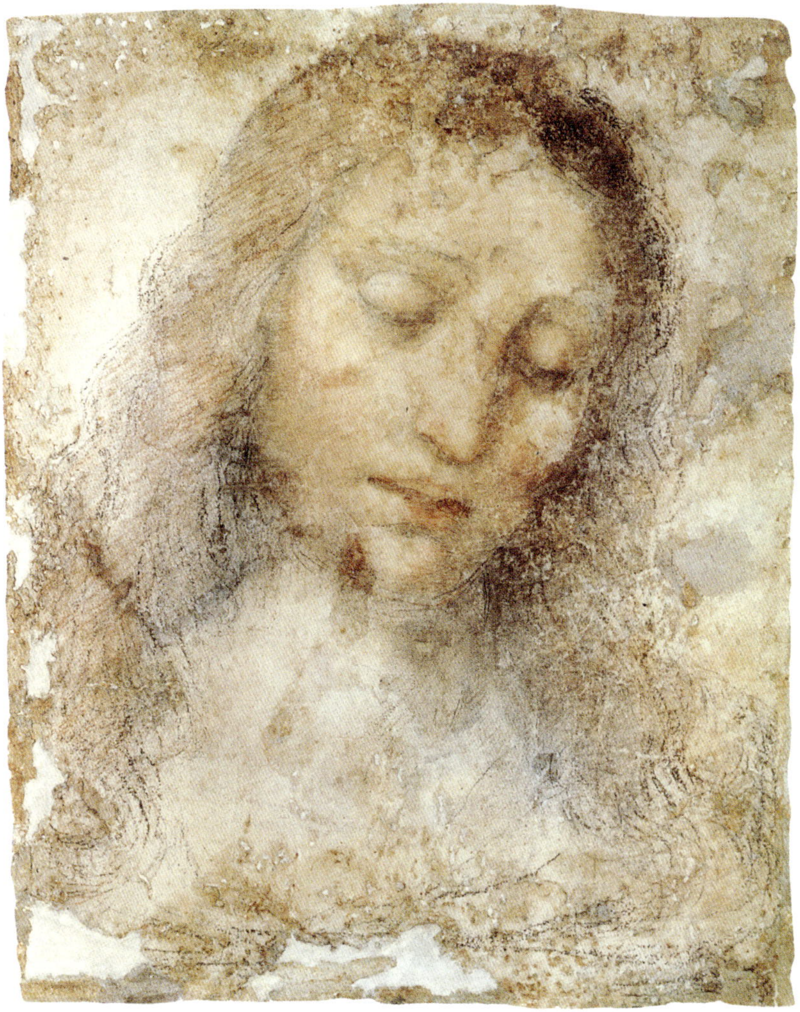

Abb. 57. *Christus,* um 1495.
Mailand, Pinacoteca di Brera.

dieses Selbstopfer ein: »In der Mitte der aus dem Opfer heraus und durch das Opfer Schenkende, um ihn herum die, welche es empfangen sollen; damit verbunden zugleich das, was das Opfer ist, und alles, was damit zusammenhängt, gleichsam übersetzt in irdisches Dasein, und andrerseits die Möglichkeit, dieses Opfer zu zerstören, sodass alles, was dem Menschenwesen gegeben werden kann, wenn es auf die Gnadewirkung trifft, ebenso gut angenommen wie zurückgewiesen werden kann; denken wir uns das alles in eine Intuition verkörpert, dann kann man eine solche Empfindung haben gegenüber dem ›Abendmahl‹ des Leonardo da Vinci.« Daraus erklärt sich die überragende Bedeutung jenes Kunstwerkes, »das gleichsam den Extrakt des Erden-Daseins wiedergibt.«[21] Um es recht deutlich zu machen, stellt Rudolf Steiner folgendes Gedankenexperiment an: Falls ein außerirdisches Wesen, etwa vom Mars, auf die Erde käme und dieses Bild vor Augen bekäme, müsste es allein aus der Betrachtung der beiden Zentralfiguren, Christus und Judas, verstehen können, »um was es sich auf der Erde handelt«.[22] Es würde den »Sinn des Erdendaseins«[23] beziehungsweise »den Sinn der Erde«[24] erkennen können.

Von welchem anderen Kunstwerk könnte dies gesagt werden? Nimmt man also Rudolf Steiners Aussagen wirklich ernst, so kann man diese Darstellung des Letzten Abendmahls durch Leonardo da Vinci als das bedeutendste Kunstwerk auf Erden bezeichnen.

Irdische Gemeinschaft und kosmisches Urbild

Dem einfühlsamen Betrachter, der Christus und die Gruppe der Apostel als Ganzes ins Auge fasst, drängt sich die große Einsamkeit Christi inmitten der aufgeregten Jüngerschar auf. Die Apostel verstehen weder die soeben ausgesprochene Verratsankündigung noch die (nach dem Weggang des Judas) folgenden Abschiedsreden in ihrer wirklichen Bedeutungsdimension. Ebenso wenig hatten sie die frühere Leidensankündigung Christi verstanden, von der Markus berichtet: »Der Menschensohn wird übergeben in Menschenhände; sie werden ihn töten, und ist er getötet, so wird er nach drei Tagen auferstehen. Sie aber verstanden das Wort nicht und scheuten sich, ihn zu fragen« (Markus 9,31–32). Erst durch das Pfingstereignis werden sie die »ersten Versteher«[1] des Christus.

Zur Zeit des Erdenwandels Christi aber sind sie mit ihm zwar auf besondere Art seelisch verbunden, jedoch in eingeschränkter Weise: »Es war gewissermaßen eine innere und tiefe Wechselbeziehung zwischen der Seele des Christus und der Seele der zwölf. [...] Aber alles, was in der Seele des Christus vorging, spielte sich gleichsam noch einmal ab wie in einer Art von Spiegelbild, in einer Art von Reflex, in den Seelen der Jünger, aber in zwölf Teile geteilt; sodass jeder der zwölf einen Teil dessen wie im Spiegelbilde erlebte, was in der Seele des Christus Jesus vorging, aber jeder der zwölf etwas anderes. Was in der Seele des Christus Jesus vorging, vorging wie eine große Harmonie, wie eine große Symphonie, das spiegelte sich in der Seele jedes der zwölf in der Weise etwa wie das, was eines von zwölf Instrumenten geben kann. [...] Man kann schildern, wie sich das betreffende Ereignis ausnimmt in der Seele des Christus [...]. Aber in einem gewissen Spiegelbilde geht es auch vor in der Seele des

Petrus. Dasselbe Seelenerlebnis geht in Petrus vor. Aber während es bei dem Christus Jesus die ganze Menschlichkeit einnimmt, geht dasselbe bei Petrus so vor, dass es ein Zwölftel ist des gesamten Menschentums, ein Zwölftel oder ein Tierkreiszeichen des gesamten Christus-Geistes«.[2]

Zwölfheit als Ausdruck der Vollkommenheit

Mit diesen – allerdings nicht unmittelbar auf das Abendmahl bezogenen – Worten deutet Rudolf Steiner auf das kosmische Urbild dieser Menschengemeinschaft hin, der zwölf und des Dreizehnten: Christus, die Sonne, und das zwölfgliedrige Sternbild-Band der Apostel. Diese Empfindung darf immer mitschwingen bei solchen Darstellungen Christi inmitten der Zwölfheit seiner Apostel – sei der zwölfte nun Judas oder, wie außerhalb der Abendmahlsdarstellungen die Regel, Paulus. Bereits bei den frühen Kirchenschriftstellern und Kirchenvätern findet sich ein allgemein kosmischer Bezug, indem sie Christus mit dem Tag beziehungsweise dem Jahr verglichen, die Apostel aber mit den zwölf Stunden des Tages beziehungsweise den zwölf Monaten des Jahres – am schönsten bei Hippolytus: »Er, der Erlöser, die Sonne, wenn er sich einmal vom Busen der Erde erhoben hat, hat die zwölf Apostel als zwölf Stunden gezeigt. Denn durch sie offenbart sich der Tag. [...] Die zwölf Apostel als die zwölf Monate haben das vollendete Jahr verkündet, den Christus. Und da Tag, Sonne, Jahr der Christus sind, muss man die Apostel Stunden und Monate nennen«.[3] Von den Monaten wäre es nur noch ein kleiner Schritt zu den Tierkreiszeichen, doch wurde dieser damals nur im Bereich der Gnosis, erst im frühen Mittelalter auch im Rahmen der kirchlichen Kunst vollzogen.

Problematisch wird es jedoch dann, wenn versucht wird, *sämtlichen* Aposteln ganz bestimmte Tierkreiszeichen *nach einem vorgegebenen Schema* zuzuordnen.[4] Dies ist ein dem Geiste Leonardos zuwiderlaufendes unkünstlerisches Unterfangen. So kann denn auch keines der zahlreichen, sich zudem häufig widersprechenden Interpretationsmodelle wirklich überzeugen.[5] Im Übrigen ist damit, in dieser schematischen Form jedenfalls, auch keinerlei Erkenntniszuwachs für die Aussage des Bildes gewonnen.

Abb. 58. Philippus. Detail aus dem *Abendmahl*.

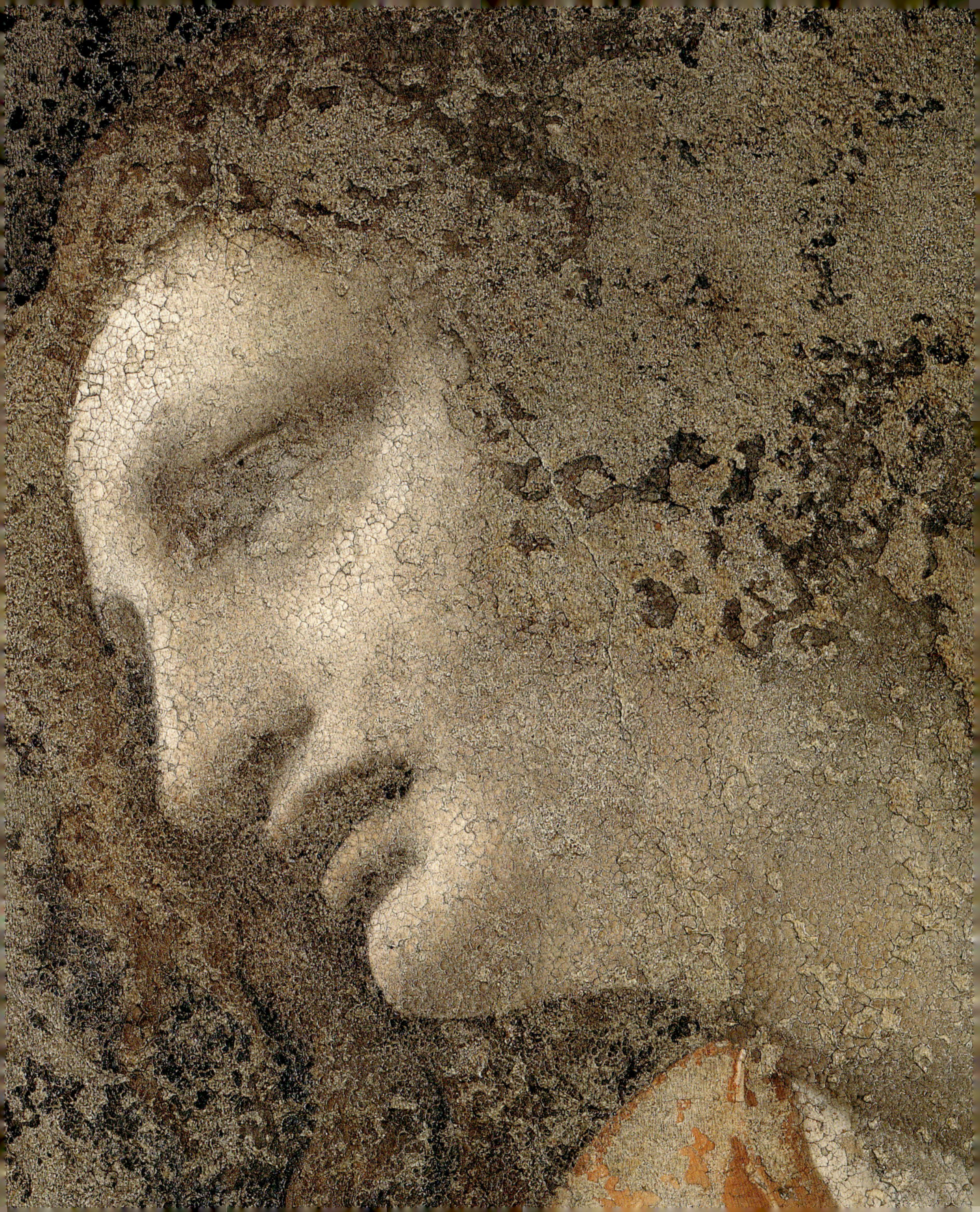

Urgebärde und kosmische Sprache in der Darstellung der Apostel

Leonardo da Vinci hat, wie zahlreiche schriftliche und gezeichnete Notizen von seiner Hand, aber auch Berichte von Zeitgenossen belegen, intensive physiognomische, Ausdrucks- und Gebärdenstudien betrieben (siehe S. 28ff.). Die hieraus gewonnenen Erkenntnisse hat er in evidenter Weise im *Abendmahl* angewendet, wo er sich um größte Mannigfaltigkeit in der Darstellung der Personen, vor allem hinsichtlich ihrer Gebärden, bemühte.[6] Gebärden und Gesten aber, mit denen Leonardo die Apostel charakterisiert, sind nicht nur, nicht immer bloßer spontaner Ausdruck einer augenblicklichen subjektiven Befindlichkeit, ihnen eignet in vielen Fällen auch ein objektiver Charakter. Es gibt quer durch die Völker und Kulturen Urgebärden des Menschen für den Ausdruck von Gemütsbewegungen, und in den Tänzen der verschiedenen Völker, etwa der Griechen, »hatte Mimik und Gestikulation einen starken, wenn nicht den größten Anteil« (Max von Boehn).[7] »Der Zweck der Tanzkunst ist die Darstellung einer Empfindung, einer Leidenschaft oder Handlung durch Gebärden«, so Lukian im 2. Jahrhundert nach Christus. In kultischen (Tempel-)Tänzen dienten einst Gebärden, Mimik und Gestik auch dem Ausdruck religiöser und kosmischer Gegebenheiten und Vorgänge. In dieser höchsten Form waren Tanz und Pantomime, damit aber auch Gestik, Mimik und Gebärde »Sprache des Geistes durch den Leib des Menschen«.[8]

Abb. 59. *Handstudie.* Venedig, Gallerie dell' Accademia.

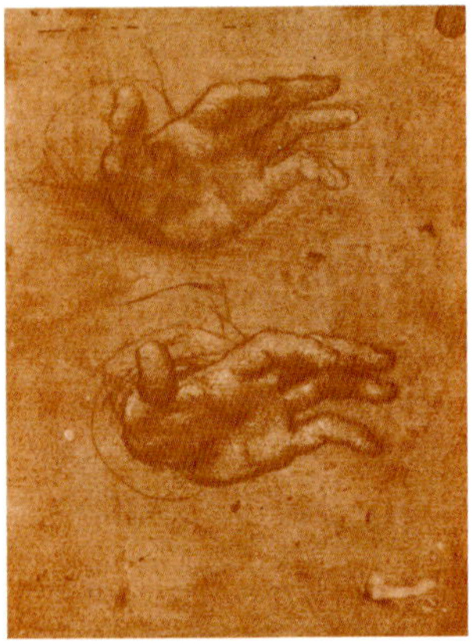

In der spirituell erneuerten Tanzkunst der Eurythmie hat Rudolf Steiner für unsere Zeit der Gebärdensprache eine ganz neue Welt eröffnet, dabei aber auch hier das Neue mit dem Alten geistig verknüpft. Die Eurythmie soll dasjenige erneuern, »was in den uralten Mysterien Tempeltanz war: die Nachahmung des Sternenreigens, die Nachahmung desjenigen, was durch Götter vom Himmel herunter zum Menschen gesprochen wurde«.[9] Doch sind diese Gebärden keine ›erdachten‹, ausgeklügelten, also subjektiven, sondern aus der geistigen Welt geholte gestische Entsprechungen für objektive geistige Tatbestände[10] – wie dies vor Urzeiten in ähnlicher Weise einmal für die menschliche Sprache galt.[11] So lassen sich eurythmisch Töne, Intervalle, Planetenkräfte und

Vokale, Tierkreiskräfte und Konsonanten, Farben et cetera gestisch und damit sichtbar darstellen. Blickt man mit diesem Wissen erneut auf Leonardos *Abendmahl,* so könnten hier, in Gebärden und Haltung der Apostel, tatsächlich in gewissem Ausmaß die eurythmischen Tierkreisgesten beziehungsweise auch die damit zusammenhängenden Konsonantenbewegungen wiedererkannt werden:

Jakobus der Ältere: Löwe-Geste; aus der Herzgegend mit in den Umkreis geöffneten Händen und Armen.

Philippus: Krebs-Geste; auf den Brustkorb gelegte Hände und Arme, eine in den Innenraum führende einengende, abschließende verinnerlichte Gebärde.

Johannes: Waage-Geste; die übereinander gelegten Hände sind Ausdruck des Herbeiführens des Gleichgewichts, des Abwägens.

Judas: Die kraftvoll geballte rechte Hand und die asymmetrisch abwehrende, starre Haltung sind eine im Skorpion wirkende formende Kraft – die Finsterniskraft in der S-Gebärde.

Petrus: Schütze-Geste; die Gliedmaßen – der Oberarm – sind willenhaft ergriffen zum ›Entschluss‹ – Bildung der Oberarme und Oberschenkel.

Andreas: Steinbock-Geste; Hände und Arme weisen nach vorn in der ›Auseinandersetzung des Gedankens mit der Welt‹.

Jakobus der Jüngere: Wassermann- und M-Gebärde; mit den Händen und Armen ein ›verständnisvolles Eindringen in das andere Wesen‹ – Bildung der Unterarme und Unterschenkel.

Bartholomäus: Eine kreisende, nach vorn bewegende R-Gebärde, die die in die Zukunft wirkenden Willenskräfte des Stiers zum Ausdruck bringt (nach Renate Müller-Weymar).[12]

Nicht selten macht man die Beobachtung, dass künstlerische Intuition objektive geistige Tatsachen zur Gestaltung bringt, lange bevor diese auch durch äußere wissenschaftliche Erkenntnisse bestätigt werden. Nur so lässt sich auch die Übereinstimmung von Tierkreisgesten mit den Gebärden in Leonardos *Abendmahl* erklären. Dabei ist allerdings zu beachten, dass sie nicht bei allen Aposteln zu finden ist, zumindest nicht in voller Reinheit. Die Gruppe ganz rechts ist jedenfalls kaum in diesem Sinn zu klassifizieren. Leonardos *Abendmahl* ist kein Musterkatalog eurythmischer Gebärden; es ergibt sich kein durchgängiges Schema.

Eine Einzel-Zuordnung von Tierkreiszeichen und Aposteln bliebe jedoch bloße intellektuelle Spielerei, würde man nicht wieder die zwölf als ein Ganzes betrachten – denn Zwölf ist die Zahl der *vollendeten* Ganzheit. Ein Mensch, der hintereinander sämtliche Gesten macht, würde auf diese Weise »das menschliche Wesen in einer ganz außerordentlich starken Weise« zum Ausdruck bringen. »Diese Gesten stellen [...] in ihrem Gesamtumfange eigentlich das ganze Menschenwesen dar, [...] das ganze Menschenwesen zwar in zwölf einzelne Elemente zersplittert, aber doch das ganze Menschenwesen« (Rudolf Steiner).[13]

An anderer Stelle schildert Rudolf Steiner eine Einweihungsmethode in den alten Mysterien, wo der Einzuweihende »umgeben wurde von zwölf Menschengestalten, mit denen er zusammen wie um eine Tafel saß«. Diese aber waren seine zwölf vorangegangenen Inkarnationen. Sich selbst aber sah er als den Dreizehnten. »Das Ostermahl, das der Christus mit den zwölfen begeht, [...] soll auf dem physischen Plan die Wiederholung dessen sein, was so und so oft die Eingeweihten des Geistes auf dem höheren Plane erlebt haben.«[14] Mit anderen Worten: »Das alle zwölf Bilder in einer Geistgestalt umfassende Ich wird als etwas Dreizehntes erlebt. Es ist das menschliche Urbild, das höhere Ich, das dem strebenden Menschen auf Erden wie ein geistiges Sehnsuchtsziel vorschwebt, das in Christus seine Erfüllung findet [...] Es ist ein Zielbild, das da in Gestalt des Dreizehnten im Abendmahlsbilde aufleuchtet. Jeder Mensch trägt nur ein Zwölftel der geistigen Tierkreisganzheit, des ganzen Menschenbildes, in sich« (Heinrich Eppinger). Es sind, um noch eine weitere Stimme anzuführen, »die zwölf Himmelskräfte, die um das Ich stehen, wie die zwölf Apostel um den Christus Jesus« (Ernst Wolfram)[15] – oder, in höchster, klarster Verdichtung: »Wir nur, Kosmos Anthropos« (Christian Morgenstern).[16]

Die verborgene Bildaussage: »Der Sinn des Erdendaseins«

Dies, die Entwicklung des Menschen im Gang durch seine Erdenverkörperungen und die Vision des höheren Ich, wäre also hinter der Darstellung des biblischen Berichtes vom Letzten Abendmahl Christi mit seinen Jüngern der geheime Bildinhalt, die eigentliche Intention von Leonardos Werk, dem ersten ganz großen Kunstwerk des Zeitalters der Bewusstseinsseele. Und doch blieb es in dieser Hinsicht unvollendet. Leonardo selbst, diese »tragische Gestalt [...] am Wendepunkte zu einer neueren Zeit«,[17] hat diese Dinge zwar intuitiv-künstlerisch erfühlt, konnte sie bewusstseinsmäßig jedoch nicht vollständig durchdringen und daher auch nicht vollenden. Um ihn und seine künstlerische und wissenschaftliche Mission wirklich zu verstehen, muss man sich Rudolf Steiners Aussagen im Hinblick auf die künstlerische und menschliche Existenz Leonardos vergegenwärtigen, dass dieser nämlich »die Weltengeheimnisse zu durchdringen« versuchte, aber »doch eigentlich nie zu einem solchen Schaffen [kam], von dem er sich hätte sagen können, es sei in irgendeiner Weise zu Ende gebracht. Man muss sich in eine solche Seele hineinversetzen, die zu reich ist, um in irgendeiner Weise abschließen zu können, was sie in Angriff nahm, in eine solche Seele, auf welche die Weltengeheimnisse so wirken, dass sie, wenn sie irgendwo anfängt, von Geheimnis zu Geheimnis schreiten muss und nirgends fertig wird.«[18] Leonardo ging bei seinem Schaffen so vor, »dass er in der Seele ein inneres Wissen, ein inneres Erleben hat, das aber nicht zum Bewusstsein kommt. Es ist etwas, was da lebendig an diesen Gestalten schafft, aber Lionardo kann es nicht von innen fassen. Er fühlt sich wie abgetrennt davon, von diesem Von-innen-Erfassen. [...] Er ist zugleich umfassender Maler, umfassender Musiker, umfassender Philosoph, umfassender Techniker. Er hat dies in sich vereinigt, weil seine Seele aus der alten Zeit mit großen Fähigkeiten herüberkommt und nun in der neuen Zeit überall ›tippen‹ kann an die Dinge, aber nicht hinein kann.«[19]

Der Genius Leonardos hat in diesem Bild des Abendmahls das Höchste darzustellen sich vorgenommen, was ein Künstler nur wagen darf: den »Sinn des Erdendaseins« im Gegensatz von Christus und Judas. Dies ist ihm nach Rudolf Steiner nicht in dem Maße gelungen, wie es ihm im Geiste vorschwebte. Denn »was er im Grunde genommen wirklich äußerlich geleistet hat, ist im Verhältnis zu dem, was er gewollt hat, vielfach unvollendet geblieben. [...] Es zeigt sich, dass so, wie es Lionardo da Vinci hat haben wollen, das Bild niemals an der Wand war.«[20] Leonardo wollte auch, vielleicht unbewusst, nur aus seiner künstlerischen Intuition heraus, die allerdings von einer »aus der alten Zeit mit großen Fähigkeiten« ausgestatteten Seele getragen war, in den dreizehn Gestalten des *Abendmahls* ein *Bild des Menschen* schaffen. Über die bloßen Ideale der ›Renaissance‹ und des ›Humanismus‹ hinaus strebte er zur Weisheit vom Menschen.

Dieses wahrhaft große, gedankentiefe Gemälde konnte Leonardo nur realisieren, indem er eben nicht die Freskotechnik anwendete (bei der er die Farbe konstant und zügig auf den frischen Putz hätte auftragen müssen), sondern sich eines Malmittels bediente, das es ihm erlaubte, die von Bandello geschilderte (siehe S. 32f.), durch die eindringliche Betrachtung des Bildes sich offenbarende unstete, stark reflexive Arbeitsweise zu praktizieren. Diese maltechnischen Voraussetzungen aber – im Verein mit der Tatsache, dass die das Bild tragende Wand aufgrund der notorischen Feuchtigkeit die hierfür denkbar ungeeignetste war – waren zugleich die Bedingungen seines Verfalls. Dass dieses alles überragende Kunstwerk sich auf Erden nur verwirklichen konnte unter der Bedingung seiner baldigen Entmaterialisierung, das ist sein großes, geheimnisvolles Paradox. Sein erhaltener materieller Bestand, der in höchst bewundernswerter Weise gerettet wurde, zeigt uns vor allem die hohe Idee dieses Bildwerkes. Diese Idee aber ist auf ewig unzerstörbar.

Anhang

Werk- und Wirkungsgeschichte

»Wir haben das Abendmahl mit Leidenschaft durchdacht und durchdenkend verehrt«,[1] können wohl auch wir nun mit Goethe sagen und uns vielleicht auch seine weitere Einschätzung im Hinblick auf Leonardos Leistung zu Eigen machen, dass »man denn doch über die Tiefe der Möglichkeit erschrickt, die sich in einem einzigen Menschen offenbaren kann«.[2] Diese Tiefe der Möglichkeit provozierte offensichtlich eine äußerste Breite der Interpretationsmöglichkeiten – nicht nur der Persönlichkeit Leonardos im Allgemeinen (siehe S. 102ff.), sondern auch des *Abendmahls* im Besonderen. Da fühlt sich der eine an Platos *Gastmahl* erinnert, während ein anderer in der formalen Gestaltung der Tischgesellschaft eine Nachwirkung der im alten Orient und in Ägypten verbreiteten geflügelten Sonnenscheibe – mit dem Sonnengott in der Mitte und den hier durch die je sechs Apostel gebildeten beiden Flügeln – erblickt.[3] Die Psychologie und Psychoanalyse dagegen versteht dieses Bild als Selbsterfahrung Leonardos beziehungsweise als Bewältigung eines Traumas.[4]

Die neueste, ›schwergewichtige‹ Prachtausgabe über Leonardo da Vinci präsentiert die erstaunlich leichtgewichtige Deutung, Leonardos *Abendmahl* spiegele die politische Situation am Mailänder Hof (Motto: Grüppchenbildung, Verräter).[5] Der einstige Großmeister der okkultistischen Romanliteratur Gustav Meyrink hat in seiner das *Abendmahl* behandelnden kurzen Passage in *Der weiße Dominikaner* von 1921 kaum etwas richtig beobachtet, aber fast alles falsch gedeutet,[6] wie überhaupt in der Kunstbetrachtung von solchen, die unbedingt ›tiefer sehen‹

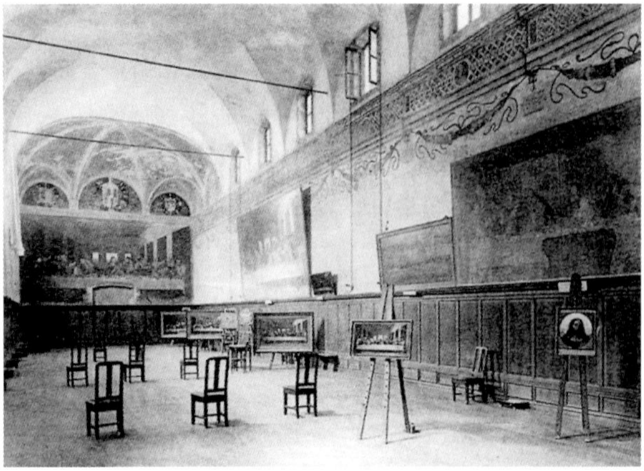

Abb. 60. Refektorium von Santa Maria delle Grazie mit Staffeleien der Kopisten. Historische Aufnahme um 1900.

wollen, meist schlecht beobachtet, dafür hyperinterpretiert wird.[7] Ein Paradebeispiel hierfür ist ein Autor, der sich im ersten Band seines ehrgeizigen Werkes mit einer eigenwilligen astrologischen Interpretation des *Abendmahls* hervorgetan hatte[8] und der nun im zweiten Band souverän alle Schranken einer einigermaßen nachvollziehbaren Deutung überspringt. Er findet es »unfassbar, dass 500 Jahre lang den Augen vieler Tausender Betrachter die sensationellen Entdeckungen verborgen geblieben sind, die der Autor erstmals veröffentlicht«. Für die ›Enthüllungen‹ dieser bisher unentdeckten Geheimnisse werden nun alle Schleusen geöffnet und alle Register gezogen: die Pyramiden und die Chakren, der Uroboros und das Tao, Vishnu und der Tierkreis und alle ihre Kombinationen. Dazu wird der größte gestalterische und drucktechnische Aufwand betrieben, mit Farbtafeln und Klarsichtfolie mit aufgedrucktem Pyramidengrundriss samt ›Hilfslinien‹. Der irritierte Leser (sofern von einem solchen die Rede sein kann) steht sprachlos vor solch entfesselter Fantastik und ist überwältigt von diesem unüberbietbaren interpretatorischen Overkill.[9]

Ein anthroposophisch orientierter Interpret dagegen sucht auf reichlich gezwungene Art und Weise Leonardos *Abendmahl* in ein Verhältnis zum Grundriss des ersten Goetheanum sowie zu Rudolf Steiners Holzplastik des *Menschheitsrepräsentanten* zu bringen. Auch versucht er auf keinesfalls einleuchtende Weise aus der Stellung der Unterarmknochen der Dargestellten Erkenntnisse für die Aussage des Bildes zu gewinnen.[10]

Doch auch Vertreter ganz anderer Kulturkreise als des abendländischen erkennen im *Abendmahl* das jeweils Eigene wieder: »Beim Besuch des Klosters Santa Maria delle Grazie entdeckt der japanische Budo-Meister Masatomi Ikeda im Abendmahlsbild Leonardos die Haltungen aller zwölf Apostel als Grundpositionen asiatischer Kampfkunst. Und

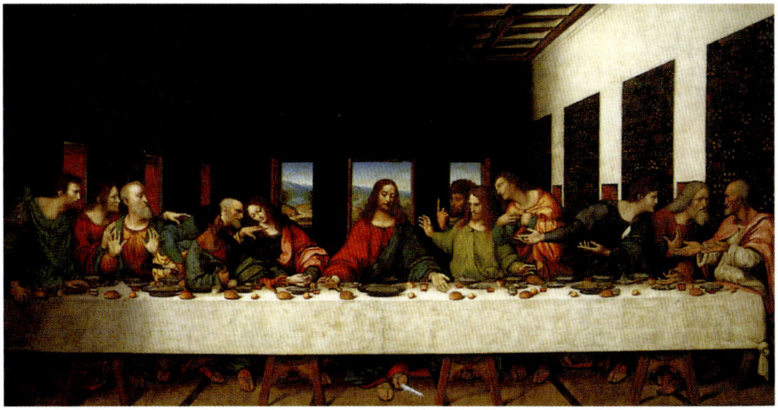

Abb. 61. Eine der ältesten erhaltenen Kopien des *Abendmahls* von einem unbekannten Maler aus dem Umkreis Leonardos. Abtei Tongerlo, Belgien.

zwar so, als handle es sich bei den vier Dreiergruppen von Aposteln um vier Bildsequenzen, die wie auf einem Filmstreifen die zentralen Bewegungsverläufe der waffenlosen Selbstverteidigung Aikido darstellen.«[11] Da staunt der Abendländer und beginnt ganz neue, globale Zusammenhänge zu ahnen ...

Auch die Künstler waren von Beginn an von diesem Werk aufs Höchste fasziniert. Es entstanden zahlreiche Kopien in Ölmalerei, als Zeichnung oder als Grafik (Radierung, Kupferstich). Viele von ihnen sind zugleich eine – mehr oder weniger geglückte – Interpretation. Erwähnt seien hier nur als die qualitativ besten der erhaltenen Kopien jene in der Abtei Tongerlo, Belgien (Abb. 61), in der Kapelle des Magdalen College in Oxford und im Musée National de la Renaissance in Ecouen bei Paris. Auch Rembrandt hat sich zeichnerisch-interpretierend mit Leonardos *Abendmahl* auseinander gesetzt (Abb. 62). Ein Meilenstein in der Rezeptionsgeschichte des Bildes war die Veröffentlichung des Kupferstichs von Raphael Morghen im Jahre 1800 (Abb. 64). Durch diesen Stich, der im Übrigen zahlreiche Nachfolger gefunden hat, wurde das Werk Leonardos weiten Kreisen der gebildeten Welt bekannt.

Abb. 62. Rembrandt, *Skizze nach Leonardos Abendmahl*. New York, The Metropolitan Museum of Art.

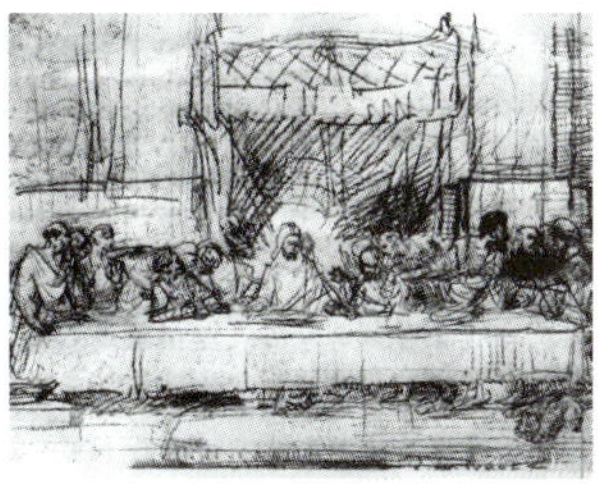

Im 20. Jahrhundert kamen Fotografie und Film hinzu. Luis Buñuel etwa ließ sich bei einer Szene in seinem Film *Viridiana* von Leonardos Werk inspirieren (Abb. 66), und auch die Werbung bediente sich als ungebetener Gast an diesem *Abendmahl* und nutzte die Suggestionskraft seiner Gestaltung, wie die so vieler anderer herausragender Kunstwerke,

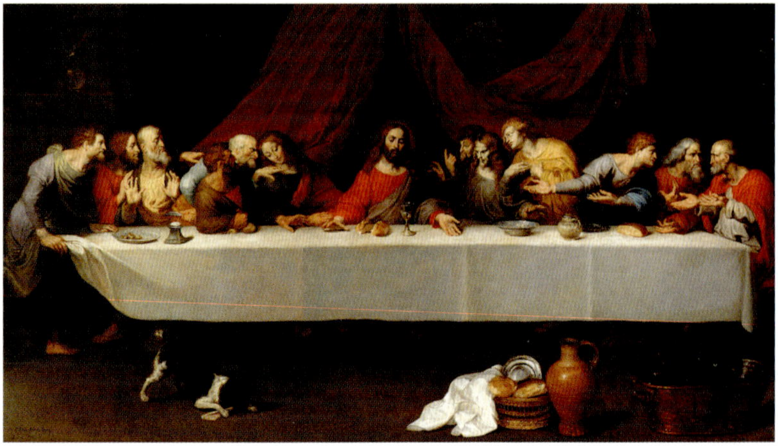

Abb. 63. Anthonis van Dyck, *Abendmahl,* um 1618. Madrid, Privatbesitz.

für ihre Zwecke. Nahezu unüberschaubar ist die Zahl der im letzten Jahrhundert entstandenen Travestien dieses Werkes.

Einer der prominentesten Künstler des 20. Jahrhunderts, Andy Warhol, wurde durch Leonardos Bild zu einer ganzen Werkserie angeregt (Gemälde, Siebdrucke, Grafiken, Zeichnungen; Abb. 65). Diese entstanden in seinen letzten, von konsequenter christlicher Frömmigkeit geprägten Lebensjahren, nachdem er zuvor bei einem Mordanschlag nur knapp mit dem Leben davongekommen war. Sie sind sein künstlerisches Vermächtnis. – Warhol starb wenige Wochen nach der Eröffnung

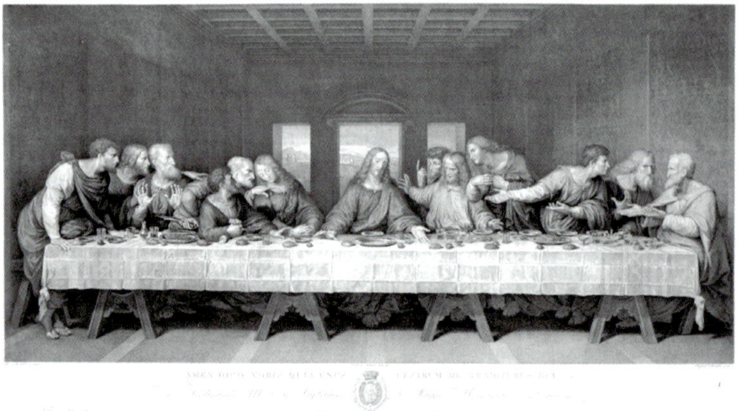

Abb. 64. Raphael Morghens Stich (um 1800) war die erste Massenreproduktion des *Abendmahls* und trug wesentlich zur Popularität des Gemäldes bei.

der Mailänder Ausstellung, die ausschließlich diesem Werkkomplex gewidmet war.

Auch in unserer Gegenwart, nicht zuletzt durch den neuen Glanz des Bildes nach der jüngsten Restaurierung, lebt seine die Künstler herausfordende Ausstrahlungskraft ungebrochen weiter. Eine Künstlerin unserer Tage, Rosalinde Weber-Hohengrund, hat nach dem tief greifenden Erlebnis des Originals zunächst eine Kopie in Originalgröße geschaffen, um dann auch diese Erfahrung zusammen mit manch anderer (die Individualität des Novalis und seine Abendmahlshymne, die rätselvolle Rolle des Judas) zu einer eigenen Version des *Abendmahls* umzuschmelzen – doch auch bewusst Leonardos Gemälde zitierend (Abb. 67). Hier ist dem 21. Jahrhundert seine erste bedeutende künstlerische Neuinterpretation von Leonardos unsterblichem, höchst lebendigem Werk gegeben.[12]

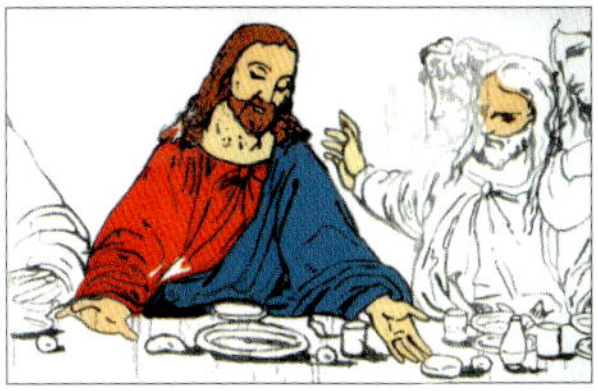

Abb. 65. Andy Warhol, *The Last Supper,* 1986. New York, Andy Warhol Foundation for the Visual Arts.

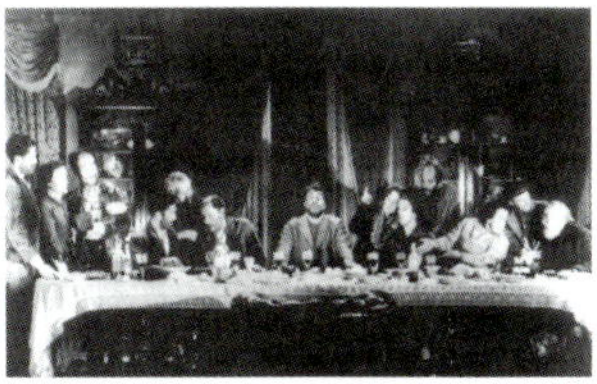

Abb. 66. Szene aus Luis Buñuels Film *Viridiana*, 1961.

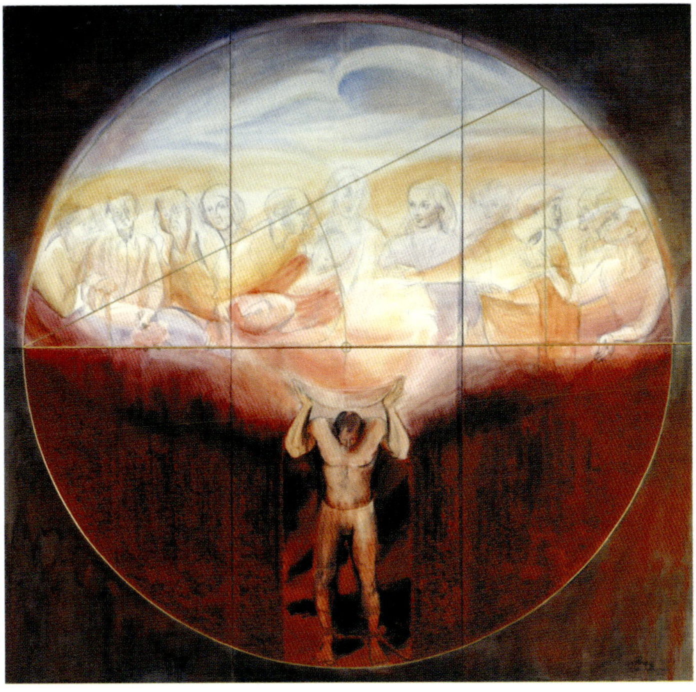

Abb. 67. Rosalinde Weber-Hohengrund, *Liebesmahl,* Aquarell in Acryl mit Vulkanasche und Blattgoldauflage auf sechs Leinwandtafeln, 2001. Privatbesitz.

Leonardos Leben und Persönlichkeit

1452–1459

Am 15. April 1452 wird Leonardo als unehelicher Sohn eines einfachen Mädchens im Dorf Vinci bei Florenz geboren. Der Vater, der Grundherr und Notar Ser Piero, heiratet alsbald standesgemäß; das Kind wächst nach althergebrachter Tradition vermutlich die ersten sieben Jahre bei seiner Mutter in ländlicher Abgeschiedenheit auf.

1459–1466

Leonardo lebt nun in Florenz bei Vater und Stiefmutter, und zwar, da deren Ehe kinderlos bleibt, ohne Geschwister. Vasari schildert ihn als einen allseits bestaunten Wunderknaben mit allen körperlichen und geistigen Vorzügen: »Er machte in der Rechenkunst in wenigen Monaten erstaunliche Fortschritte und trug dem Meister, der ihn unterrichtete, ständig so wohlbegründete Zweifel und Einwendungen vor, dass er ihn oft in Verlegenheit setzte. Auch die Musik begann er zu studieren, entschloss sich aber bald, die Laute zupfen zu lernen, und da die Natur ihm einen ebenso erhabenen wie anmutvollen Geist geschenkt hatte, improvisierte er zu seinem Spiel die herrlichsten Lieder. Doch so vielerlei Dinge er auch betrieb, vom Zeichnen und Modellieren ließ er niemals ab, da dies mehr als alles andere nach seinem Sinne war.«

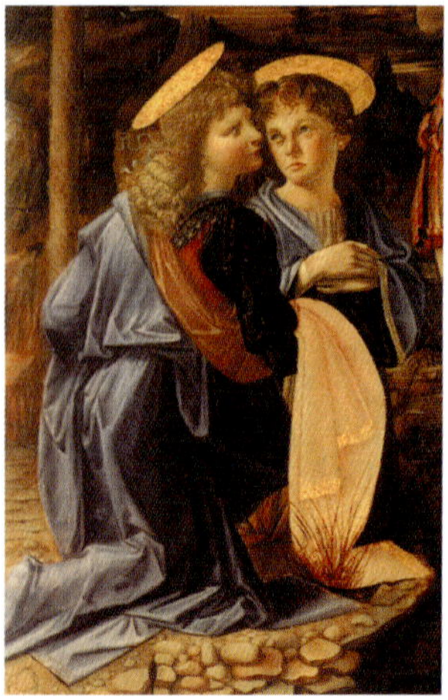

Abb. 68. Andrea del Verrocchio (Werkstatt), Detail aus der *Taufe Christi*, circa 1473–1480. Florenz, Galleria degli Uffizi. Der linke Engel und Teile der Landschaft werden Leonardo zugeschrieben.

1466–1473

Nach dem frühen Tod seiner ihm liebend zugetanen Stiefmutter und der erneuten Heirat seines Vaters – die zweite Stiefmutter ist kaum älter als Leonardo – tritt er als Lehrling in die größte Florentiner Künstlerwerkstatt ein, jene des Andrea del Verrocchio, der sich als Bildhauer, Bronzegießer, Maler, Goldschmied, Kunstschmied et cetera betätigte. Mitschüler sind unter anderem Lorenzo di Credi und Pietro Vannucci, nachmals Il Perugino genannt, der spätere Lehrer Raffaels. Für das Tafelbild der *Taufe Christi* seines Lehrmeisters trägt er die Landschaft und einen der beiden Engel bei – sein erstes erhaltenes Werk (Abb. 68).

1472 lässt er sich in die Malergilde eintragen und ist somit ›Meister‹, bleibt jedoch vorläufig in der Werkstatt Verrocchios.

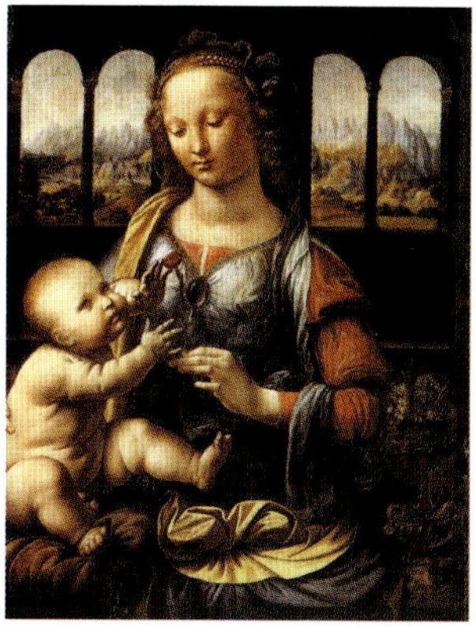

Abb. 69. ***Madonna mit der Nelke,*** **um 1473. München, Alte Pinakothek.**

1473–1480

Die ersten eigenständigen erhaltenen Werke Leonardos entstehen: die *Verkündigung,* die *Madonna Benois,* die *Madonna mit der Nelke* (Abb. 69) sowie sein erstes Porträt, *Ginevra Benci.* Aus dieser Zeit stammen auch die ersten Manuskripte – Beginn der lebenslangen Beobachtungs- und Forschungstätigkeit. 1476 verlässt Leonardo die Werkstatt Verrocchios.

1480–1487

Leonardo verlässt Florenz, vermutlich mangels Aufträge und angezogen vom Ruf der offeneren, kultivierten Atmosphäre am Mailänder Hof, und tritt 1482 in die Dienste des Herzogs Ludovico Sforza. Die intensiven Ausdrucks- und Bewegungsstudien Leonardos finden ihren Niederschlag in den Gemälden mit dem *Heiligen Hieronymus* (unvollendet) und vor allem der *Anbetung der Könige* (ebenfalls unvollendet). Erste Studien zum *Reiterstandbild Francesco Sforzas;* Porträt der Geliebten des Herzogs, *Cecilia Gallerani (Dame mit dem Hermelin).* Bedeutendstes Gemälde dieses Zeitabschnittes ist die *Madonna in der Felsengrotte* (erste Fassung; Abb. 70).

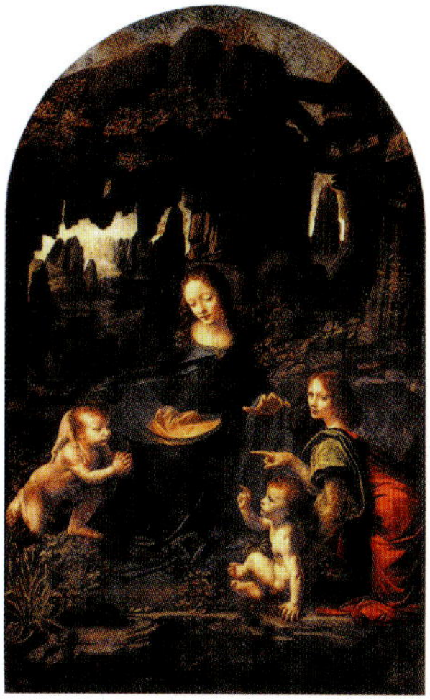

Abb. 70. ***Madonna in der Felsengrotte,*** **circa 1483–1486. Paris, Louvre.**

1487–1494

Leonardo lebt in selbstbewusster Vornehmheit, legt großen Wert auf noble Kleidung, hält Diener und Pferde, umgibt sich mit Schülern und Gehilfen, beteiligt sich am anregenden geistigen Leben am Mailänder Hof und pflegt regen Umgang mit den Professoren der Universität Pavia. Weiterhin wissenschaftliche und technische Forschung. 1493 zieht eine ›Catarina‹ zu ihm, wahrscheinlich seine Mutter. Werke: *Porträt eines Musikers; Madonna Litta; La Belle Ferronnière.*

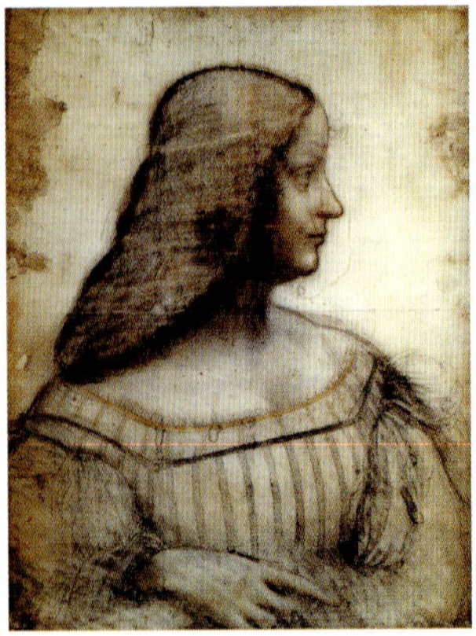

Abb. 71. *Isabella d'Este*, circa 1499. Paris, Musée du Louvre.

1494–1501

Von 1495–98 Arbeit am Wandbild *Das Letzte Abendmahl Christi* im Refektorium des Dominikanerklosters Santa Maria delle Grazie im Auftrag von Ludovico Sforza. Freundschaft mit dem Mathematiker Fra Luca Pacioli, für dessen Werk *De divina proportione* er Illustrationen beisteuert. Vollendung des Tonmodells für das *Reiterstandbild Francesco Sforzas*. 1499, nach der Eroberung Mailands durch die Franzosen und der Gefangennahme des Herzogs, verlässt Leonardo Mailand und geht über Mantua und Venedig zurück nach Florenz.

1501–1508

Leonardo lebt und arbeitet in Florenz, ist jedoch zwischenzeitlich in Diensten Cesare Borgias als Baumeister und Ingenieur sowie, wieder in Mailand, für den französischen Statthalter Charles d'Amboise tätig. Werke: *Karton zur Heiligen Anna Selbdritt (Burlington House-Karton); Die Schlacht bei Anghiari* (nicht erhaltenes Wandbild im Palazzo della Signoria in Florenz, in Konkurrenz mit Michelangelo); *Heilige Anna Selbdritt* (Gemälde; Abb. 72); Porträt der *Mona Lisa; Felsgrottenmadonna* (zweite Fassung, nicht ganz eigenhändig); *Leda* (nicht erhalten); *Madonna mit der Spindel*. Mit diesen Werken, aber auch dem *Abendmahl*, übt Leonardo einen immensen Einfluss auf die meisten Künstler seiner Zeit aus, vor allem hinsichtlich der von ihm entwickelten Hell-Dunkel-Malerei (chiaroscuro), des ›sfumato‹, der Wiedergabe des seelischen Ausdrucks durch Mimik und ›sprechende‹ Gebärden sowie durch neuartige Bilderfindungen (zum Beispiel bei der *Mona Lisa:* Dreiviertelporträt, Einbeziehung der Hände). »Wenn man nun die ganze Zeit verfolgt, die auf Lionardo da Vinci folgt, dann zeigt sich, dass Lionardo da Vinci in einer ganzen Reihe ihm folgender Geister weiterwirkte [...]. Das ganze folgende Zeitalter steht unter dem Einfluss Lionardo da Vincis. Und da zeigt sich nun, dass es die eingegrabenen Unvollkommenheiten sind, die nun inspirierend gewirkt haben in die Seelen der Nachfolger, der später, nach Lionardo da Vinci lebenden Menschen« (Rudolf Steiner).[13]

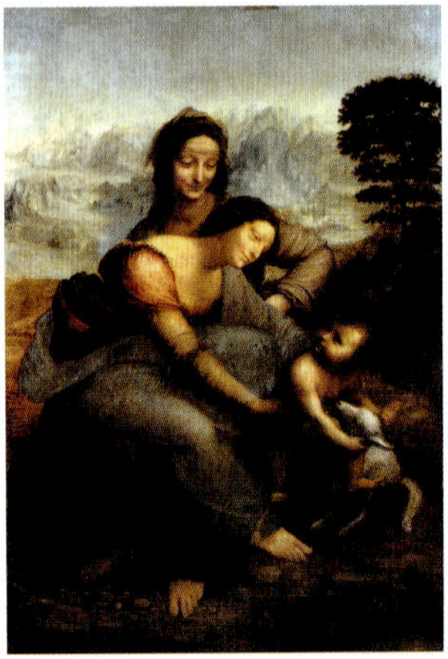

Abb. 72. *Anna Selbdritt*, circa 1502–1513. Paris, Musée du Louvre.

1508–1515

Im Alter von 56 Jahren, im Jahre 1508, zeichnet Leonardo sein mutmaßliches Selbstporträt (Abb. 73), das ihn deutlich älter erscheinen lässt, mit den »ausdrucksvoll gewordenen Furchen, mit dem verbitterten Munde und mit den Zügen, die so vieles von dem verraten, was Lionardo fühlen musste als seinen Gegensatz gegen die Welt und gegen alles, was er erleben musste« (Rudolf Steiner).[14] Leonardo betreibt wieder anatomische Studien. 1513 geht er mit Giuliano Medici, einem Bruder des Papstes Leo X., nach Rom. Werke: *Johannes der Täufer; Bacchus.* Weiterhin mathematische, naturwissenschaftliche und technische Forschungen. Im Übrigen beschäftigte er sich laut Vasari aus Zeitvertreib mit allerlei ›magischen‹ Zauberstückchen, mit denen er seine Besucher unterhielt. Die Malerei hatte er praktisch aufgegeben. »Seine mathematischen Untersuchungen haben ihn so von der Malerei abgebracht, dass ihn der Anblick eines Pinsels aufregt« (Fra Pietro an Isabella d'Este).

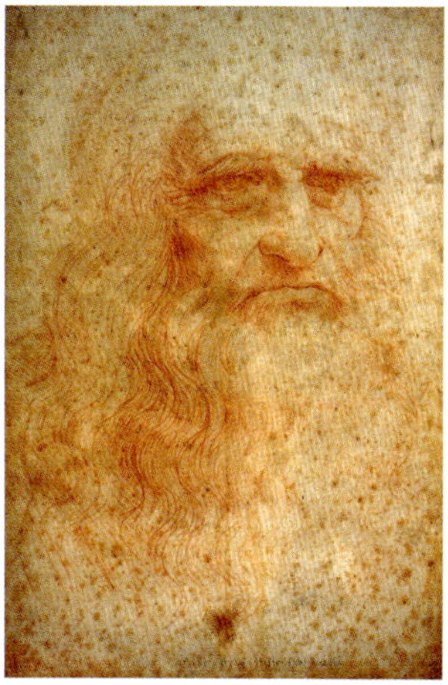

Abb. 73. *Selbstporträt,* um 1513. Turin, Biblioteca Real.

1515-1519

Leonardo folgt der Einladung des französischen Königs Franz I. und übersiedelt nach Frankreich. Er wohnt in Amboise an der Loire. Am 2. Mai 1519 stirbt er in Cloux.

Chronologie zu Leonardos Abendmahl – zugleich eine Leidensgeschichte

1493/94 Ludovico Sforza erteilt Leonardo den Auftrag zur Ausmalung des Refektoriums von Santa Maria delle Grazie.

1497 Ein Zahlungsbeleg an einen Maurer enthält den Vermerk: »... für Arbeiten an einem Fenster in dem Refektorium, wo Leonardo die Apostel malt.« – 29. Juni: Ludovico Sforza trägt in einem Brief Marchesino Stanga unter anderem auf, Leonardo anzuweisen, »das im Refektorium von Santa Maria delle Grazie begonnene Werk zu Ende zu bringen, damit er sich die andere Wand des Refektoriums vornehmen könne.«

1498 Fra Luca Pacioli schreibt in der Vorrede seines Buchs *De divina proportione:* »Lionardo hatte bereits mit seiner erlauchten Hand das stolze Abbild unseres glühenden Erlösungsdranges an der frommen und ehrwürdigen Stätte der geistigen und leiblichen Wiederherstellung [= Refektorium] der heiligen Kirche delle Grazie vollendet, welches fortan alle Werke des Apelles, Myron und Polyklet in den Schatten stellen wird« (nach Möller).

1500 Katastrophale Überschwemmungen in Mailand (das damals noch von zahlreichen Kanälen durchzogen war), von denen auch das Kloster Santa Maria delle Grazie betroffen ist, führen zur Durchfeuchtung des schlechten Mauerwerks, welches Leonardos Wandbild trägt, und sind die Ursache bald auftretender Schäden.

1515 Pasquier le Moyne (im Gefolge des französischen Königs Franz I.) »bestaunte als Nordländer besonders die Naturwahrheit der Gegenstände auf dem Tisch, namentlich die Brote; er erwähnt noch keine Beschädigungen« (Möller). – Franz I. wünscht, wie offenbar schon sein Vorgänger Ludwig XII., das Bild mitsamt der Mauer nach Frankreich transportieren zu lassen. Dies unterbleibt aufgrund der technischen Unmöglichkeit. (Eine Technik des Ablösens von Wandgemälden gab es damals noch nicht.)

1517 Antonio de Beatis: Das Wandbild »ist ganz ausgezeichnet, obwohl es schon beginnt, schadhaft zu werden, ich weiß nicht, ob wegen der Feuchtigkeit, welche die Mauer ausströmt, oder wegen anderer Unachtsamkeit.«

1547 Giovanni Battista Armenini (Maler und Schriftsteller): »sehr schön, aber halb verdorben.«

1561 Lomazzo (fertigt eine Kopie des Bildes an): »vollständig ruiniert.«

1566 Vasari besichtigt das Gemälde. In der zweiten Ausgabe der *Vite de' più eccellenti pittori* von 1568[15] schreibt er, es sei nur noch »ein Gewirr von Flecken« (Leben des Girolamo da Carpi).

1595 Paolo di Mazzenta schreibt in *Nobilità di Milano:* »Heute ist es gänzlich ruiniert.«

1604 Peter Paul Rubens besucht das *Abendmahl* und fertigt eine Zeichnung an (verloren); er bezeichnet es als »unmöglich, darüber würdig genug zu sprechen, geschweige denn ihn [Leonardo] nachzuahmen«.

1612 Federigo Borromeo, Erzbischof von Mailand, Mäzen der Künste und Wissenschaften, sah »die von der Wand herabfallenden Farbenkrusten« und gab seinem Hofmaler Il Vespino den Auftrag, das Werk zu kopieren.

1642 Der Arzt Francesco Scanelli sieht »nur noch wenige undeutliche Reste der Figuren; diese hätten sich großenteils von der Mauer gelöst. 1657 beim Druck seines *Microcosmo* fügte er hinzu: ›Alle Fleischteile sind fast ganz zerstört, ich glaube, dass sie jetzt ganz erloschen sind‹« (Möller).

1652 »fanden die Dominikaner den Eingang ihres Refektoriums zu klein und entblödeten sich nicht, dem Heiland und den ihn umgebenden Aposteln die Beine abzuschneiden, um die Tür zu diesem wichtigen Ort zu vergrößern« (Stendhal), denn sie »verlangten einen majestätischen Eingang in dieses ihnen so teure Gemach« (Goethe). »Man sieht die Wirkung der Hammerschläge auf einen Malgrund, der sich schon überall von der Wand ablöste« (Stendhal).

1674 Carlo Torre schreibt in seinem Buch *Il Ritratto di Milano,* das Wandbild sei »heute fast verloren, eine Sonne vor dem Untergehen«, doch sehe man noch »lebendige Gesichter in starken Verkürzungen, leuchtende Farben und wunderbar gezeichnete Stellungen«.

1720 Jonathan Richardson (fils) erklärt in *Traité de la peinture et de la sculpture,* alle Figuren auf der linken Seite seien vollständig ausgelöscht, dagegen seien die auf der rechten Seite und Christus noch recht gut sichtbar, aber verblasst. Zu jener Zeit »war das Bild durch eine neue Geschmacklosigkeit verfinstert, indem man ein landesherrliches Wappenschild unter der Decke befestigte, welches, Christi Scheitel fast berührend, wie die Türe von unten so nun auch von oben des Herrn Gegenwart beengte und entwürdigte« (Goethe).

1726 Pierre Mariette: »Das berühmte Abendmahl des Herrn, von dem sich das Gerücht seiner Kraft aufrechterhält, obwohl es seit vielen Jahren nicht mehr existiert.« – Erster dokumentierter dilettantischer Eingriff: Michelangelo Bellotti, laut Goethe »arm an Kunst«, wäscht das Bild »mit kunstschänderischer Hand« ab und trägt sein »Geheimmittel« auf (Firnisse et cetera) sowie weit gehende Übermalungen.

1770 Giuseppe Mazza »pfuschte meisterhaft« (Goethe): Er wäscht das Gemälde mit Lauge ab in der irrtümlichen Annahme, es sei ein Fresko, und übermalt es teils willkürlich mit Tempera und Ölfarbe. Auf den scharfen Protest des irischen Reisenden James Barry hin (dessen temperamentvoller Bericht bei Möller) wird dieser Eingriff abgebrochen. »Seit jener Zeit ist, nach mancher Beratschlagung, nichts geschehen, und was hätte man denn an einem dreihundertjährigen Leichnam noch einbalsamieren sollen« (Goethe).

1787 Abbate Carlo Bianconi, Sekretär der Brera-Akademie, schreibt in *Nuova Guida di Milano:* »Es hat sehr viel gelitten und ist von oben bis unten grausam erneuert, sodass es von seinem Meister nur noch die Komposition besitzt.« – »Als Ursachen des Verfalls bezeichnet er die Feuchtigkeit der Mauer, den Dunst der Speisen, die zum Teil aus der Küche in den Saal gereicht wurden, und zwei nahe Wasserbecken für das Waschen der Hände und der Schüsseln sowie einen Kanal unter dem Fußboden« (Möller).

1788 Goethe sieht das Wandbild am 23. Mai in diesem Zustand, doch trotz aller Verwüstungen desselben ist es ihm »ein rechter Schlussstein in das Gewölbe der Kunstbegriffe. Es ist in seiner Art ein einzig Bild, und man kann nichts mit vergleichen« (Brief an Herzog Carl August, 23. Mai 1788).

1796 Napoleon besucht nach der Einnahme Mailands das Gemälde am 16. Mai. Er »befahl, dass der Ort, an dem sich dessen Reste befanden, von Einquartierung verschont würde, und unterschrieb diesen Befehl, bevor er wieder zu Pferde stieg. Leider setzte sich ein General, dessen Name ich mit Stillschweigen übergehe, kurz darauf über diesen Befehl hinweg. Er ließ die Türen ausbrechen und verwandelte das Refektorium in einen Pferdestall. Seine Dragoner fanden ihren Spaß daran, Ziegelstücke nach den Apostelköpfen zu werfen« (Stendhal). »... der Pferdesprudel, der nunmehr, schlimmer als der Speisedampf von mönchischer Anrichte, anhaltend die Wände beschlug, erzeugte neuen Moder über dem Bilde, ja die Feuchtigkeit sammelte sich so stark, dass sie streifenweise herunterlief und ihren Weg mit weißer Spur bezeichnete. Nachher ist dieser Saal bald zum Heumagazin, bald zu andern immer militärischen Bedürfnissen missbraucht worden. Endlich gelang es der Administration, den Ort zu schließen, ja zu vermauern, sodass eine ganze Zeit lang diejenigen, die das Abendmahl sehen wollten, auf einer Sprossenleiter von der außerhalb zugänglichen Kanzel herabsteigen mussten« (Goethe).

1800 »stand bei einer Überschwemmung das Wasser einen Fuß hoch in dem verlassenen Raume und verdunstete darin« (Stendhal). Zuvor hatten die Mönche das Kloster verlassen. Die Eingänge zum Refektorium wurden vermauert. – Der berühmte Kupferstich von Raphael Morghen erscheint (siehe Abb. 64).

1801 Am 12. Juni muss Johann Gottfried Seume, um das Wandbild besichtigen zu können, auf einer Leiter in das Refektorium hinuntersteigen, da der untere Eingang vermauert ist, »und nun leidet das Stück durch feuchte, dumpfe Luft vielleicht ebenso sehr als vorher durch andere üble Behandlung«. – Am 14. August berichtet der Maler Andrea Appiani von einem »allgemeinen Aufplatzen der Farbe, von der beim geringsten Stoß Teilchen herabregnen. Die Fremden steigen nach der Vermauerung der Tür auf einer Leiter in den Saal, die sie dann an das Wandbild anlehnen, um es zu betrachten.« Der alte Eingang wird daraufhin wieder geöffnet.

1804 Abbate Carlo Amoretti, der erste Leonardo-Biograf, berichtet: »Ich ging in den letzten Tagen wieder das Abendmahl zu sehen. Eben in den Saal eingetreten, wendete ich mich um, es aus der Nähe zu besichtigen und sah fast nichts mehr. Ich trat dann zurück und es schien mir weniger entstellt. Da bemerkte ich, dass ein Schimmel, oder vielmehr eine salpetrige Wucherung, die senkrecht aus der Wand wächst, es für den, der von unten nach oben schaut, ganz mit einem weißen Schleier verhüllt. Aber ach, zugleich nagt sie die Farbkruste an und frisst das Bild auf ...« (nach Möller).

1806 Elisa von der Recke, schriftstellernde Herzogin von Kurland, besucht am 3. Juli das Refektorium. In ihrem 1817 gedruckten Reisetagebuch hält sie fest: »Es ist die berühmte Einsetzung der Abendmahlsfeier [!]. [...] Das Kloster haben die Franzosen zu einer Soldatenwohnung eingerichtet. Die rohen Krieger waren wohl nicht geeignet, diesem Bilde die verdiente Achtung zu beweisen. Das schöne Kolorit, welches einst so berühmt war, ist durch Lampenqualm und Tabaksrauch schon sehr verunreiniget und täglich verliert es mehr an seiner Herrlichkeit.«

1807 Giuseppe Bossi, Direktor der Brera-Akademie, beginnt auf Bestellung des Vizekönigs Eugène Beauharnais mit der Anfertigung einer Kopie vor dem Original. »Das Refektorium wurde für diese Arbeiten ausgeräumt. Um die Feuchtigkeit der Mauer zu beseitigen, zog man unter diese einen 50 cm tiefen und 1 m breiten Graben und schnitt den Verputz mit Meißeln tief ein [...]. Man erhöhte den Fußboden etwas [...] und belegte ihn mit neuen Ziegelsteinen, vermauerte die acht niedrigen Fenster an der Ostwand über den Sitzen der Mönche, machte aber neue Durchbrüche für die heute hoch oben an dieser Wand befindlichen Fenster [inzwischen vermauert] und für einen neuen Eingang inmitten der Ostwand. Ein offener Ofen aus Eisenrosten wurde aufgestellt, um dem Maler während zweier Winter das Arbeiten an seiner Kopie zu ermöglichen. Bossi nennt den Raum trotzdem ›umidissimo‹ [äußerst feucht] [...]. Zwecks bequemer Besichtigung des Gemäldes errichtete man vor der ganzen Breite der Wand ein 2,75 m hohes Gerüst, zu dem neun Stufen emporführten. Wie furchtbar muss das Gemälde in jenen Jahren unter den Erschütterungen, dem Staub und Rauch und dem Temperaturwechsel gelitten haben!« (Möller).

1810 erscheint Bossis umfangreiches Werk *Del ›Cenacolo‹ di Leonardo da Vinci,* welches unter anderem Goethe und Stendhal stark beeinflusst.

1816 Stendhal besucht das *Abendmahl,* wo er »zwei Stunden verweilt«.

1817 erscheinen sowohl Goethes Aufsatz *Joseph Bossi über Leonard da Vincis Abendmahl zu Mailand 1810* (Goethe hält das Bild »so gut als verloren«) sowie Stendhals *Histoire de la Peinture en Italie* mit mehreren Kapiteln über das *Abendmahl* Leonardos.

1819–1823 Der Maler Stefano Barezzi bietet der (österreichischen) Regierung an, das Wandbild abzulösen und auf Leinwand zu übertragen. »Eine Kommission der Akademie zur Erwägung seines Vorschlages erklärte, das Werk Lionardos sei in größtem Verfall und drohe binnen kurzem vollständig verloren zu gehen. Die Farbenkrusten hafteten infolge der Feuchtigkeit der Mauer und der herauswachsenden Salze nur noch halb an der Wand und fielen täglich ab. Es erscheine ratsam, das Wandbild auf Leinen zu übertragen und es dann von den Übermalungen zu befreien, obwohl vom Original wohl nicht mehr viel zu retten sei« (Möller). In der Stellungnahme der Kommission heißt es: »Außer dem Himmel ist alles, was man auf der Wand sieht, schnöde Übermalung.« Dieser Vorschlag wird abgelehnt, auch Barezzis daraufhin begonnene Restaurierung des Gemäldes wird bald abgebrochen.

1836/1842 »Der Maler Londonio, Präsident der Akademie, mahnte 1836 und 1842 die Regierung in Wien vergeblich, für die Erhaltung des Abendmahls zu sorgen und einen seit 1836 fehlenden Custoden zu bestellen« (Möller).

1848 »Das Gerüst vor dem Bilde wurde [...] entfernt, darauf der Raum hinter der bemalten Wand, wo sich ein Pferdestall befunden haben soll, geleert und für die Lüftung an der Rückseite gesorgt, damit die Mauer trockne« (Möller).

1853–1855 Barezzi unternimmt erneut Restaurierungsarbeiten an dem Bild. Der dabei verwendete tierische Leim verursacht in der Folge durch Schimmelbildung neue Schäden. Die Bemühungen um Trockenlegung der noch immer feuchten Wand gehen in den folgenden Jahren weiter.

1859 Franz Kugler nennt das Gemälde in seiner Kunstgeschichte eine »traurige, gespensterhafte Ruine«.

1868 Der Kunsthistoriker Carl Justi besucht trotz des »herzerschütternden Anblickes« das Gemälde dreimal, findet es aber nur aus der Entfernung einigermaßen erträglich. »Tritt man aber näher, welche Zerstörung. An unzähligen Punkten hat sich die Farbe abgeblättert; drei Viertel der Figuren sind überall, einige frech und pöbelhaft überschmiert« (Brief vom 12. September 1868).

1870 G. Botti verlangt ohne Erfolg wiederum eine Ablösung des Bildes.

1899 »hörte man wieder die alten Klagen über den Zerfall des Bildes und ersuchte das Ministerium, die militärische Belegung des Klosters aufzuheben« (Möller). – In den Jahren zuvor erhielt das Refektorium einen hölzernen Fußboden, auch wurden die alten Fenster an der Westseite wiederhergestellt. Corrado Ricci, Direktor der Brera-Akademie und Mitglied einer Kommission zur Untersuchung des Bildes, meldete dem zuständigen Ministerium: »Persönlich bin ich überzeugt, dass sich nur wenig oder gar nichts mehr tun lässt. Die Malerei ist gänzlich ruiniert [...] und heute wird auch die sorgfältigste Wiederherstellung nur wenig Erfolg bringen können.«

1903 berichtet die Kommission dem Ministerium, »dass die ›muffe‹ [Schimmelpilzablagerungen, verursacht durch Verwendung organischer Klebstoffe früherer Restauratoren] sich jedes Jahr in der Regenzeit erneuern und das Bild wie mit einem Schleier bedecken. Außerdem lagere sich der Staub auf den Unebenheiten der Wand ab, er könne aber nicht beseitigt werden, bevor nicht die Farbstückchen, die überall abzufallen drohten, auf der Wand befestigt wären.«

1904 »stellte man folgende Phänomene in der Farbschicht fest: 1. Schuppenbildung der Farbe, die sich an der Oberfläche zusammenzieht, an den Rändern hebt und nur noch lose auf der Grundierung haftet. Kleinste Spinngewebe halten viele Farbteilchen noch fest. 2. Abfallen der Schuppen, sodass die weiße Grundierung hervortritt. 3. Zerreißen (Krakelieren) der Farbe bei ebener Fläche. 4. Trübung der Farbe durch Schimmel und darüber lagernden Staub. 5. Aushöhlungen in der Grundierung« (Möller). – Gabriele d'Annunzio schreibt seine *Ode über das Sterben eines Meisterwerkes.* – Rilke besucht das Bild am 17. Juni: »über alle Maßen herrlich, Malerei, nur antiken Wandbildern nah, allem anderen unvergleichlich; fast vergangen [...]« (Brief an Lou Andreas-Salomé, 3. Juli 1904).

1908 Der Restaurator Luigi Cavenaghi spritzt einen harzigen Klebstoff auf die Farbteilchen, presst und glättet die Farbschicht, reinigt sie von Staub und Leim, nicht aber von Übermalungen. »Das Bild war erheblich klarer und deutlicher geworden« (Möller). Dennoch: »Die Hoffnungen Cavenaghis erfüllten sich nicht. Schon im Frühjahr 1911 war er genötigt, neue ›muffe‹ zu entfernen; im September desselben Jahres sah ich sie wieder reichlich. Nach seinem Tode (1917) wurden wieder die alten Klagen laut: Farbenstückchen fallen bei den geringsten Erschütterungen ab!« (Möller).

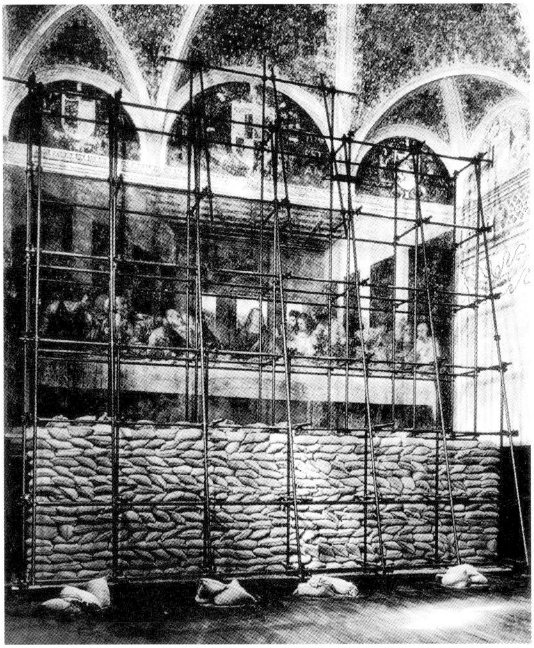

Abb. 74. Schützende Maßnahmen während des Zweiten Weltkriegs.

1911 hat wahrscheinlich Rudolf Steiner zum ersten Mal das *Abendmahl* besucht, denn im September hielt er Vorträge in Mailand, im November sprach er zum ersten Mal eingehend über das *Abendmahl*.

1921 Emil Möller untersucht das Gemälde: »Der Eindruck war äußerst schmerzlich.«

1924 Erneute Restaurierungsarbeiten; die Farbschicht wird mit Harz gefestigt und mit einem Bügeleisen festgepresst; auch dies kann den weiteren Verfall (unter anderem Schimmelbildung) nicht aufhalten.

1938 stellt ein Gutachten fest, dass sich dünne Farbschichten abzulösen beginnen.

1943 Während eines Bombenangriffs der amerikanischen Luftwaffe auf Mailand zerstört am 16. August eine Fliegerbombe das Refektorium. Die Nordwand mit Leonardos *Abendmahl,* mittels Gerüsten und Sandsäcken notdürftig geschützt, bleibt stehen, ebenso die Südwand mit dem Kreuzigungsfresko von Giovanni Donato Montorfano. 1945 werden die Sandsäcke entfernt. »Aber weil der Saal 1943 bis 1946 ohne Dach und Mauern den Unbilden der Witterung, Regen und Schnee, Wind und Sonne ausgesetzt blieb, hat das Bild natürlich noch erheblich mehr gelitten als hinter den faulenden Sandsäcken. Die Gipsschicht der Wand des Abendmahls hatte aber inzwischen enorme Mengen Feuchtigkeit eingesogen, wölbte sich und drohte abzufallen« (Möller). In einer Notmaßnahme werden Malgrund und Farbschicht befestigt.

1951–1953 Eingreifende Restaurierung, deren Ergebnis von der Fachwelt und der Öffentlichkeit begeistert begrüßt wird, so von dem berühmten Kunsthistoriker Bernard Berenson: »Ich wünschte, ein neuer Goethe wäre unter uns, der nun, wie es jenes Genie vor 180 Jahren tat, schriebe, dass die Komposition in einen Zustand zu sehen ist, der jenem von Leonardo veranlagten ziemlich nahe kommt.« Diese allzu optimistische Einschätzung (zum Beispiel wurde ein großer Teil der Übermalungen belassen) konnte auf Dauer nicht aufrechterhalten werden. Die zunehmende Luftverschmutzung und der anwachsende Straßenverkehr setzen dem Bild weiter zu.

1977–1999 Fundamentale Restaurierung des Wandbildes durch die Chefrestauratorin Pinin Brambilla Barcilon. Weit gehende Entfernung der Übermalungen und Freilegung der originalen Malerei Leonardos (soweit noch vorhanden). Fixierung der Malschicht auf dem Untergrund. Projektleiter Pietro Marani: »Wir hoffen, hiermit zum ersten Mal wieder den wahren Leonardo zu enthüllen.«

Leonardo im Urteil der Nachwelt

Die Rätselhaftigkeit und Sonderbarkeit von Person und Wesen des Leonardo da Vinci, dieses Fremdlings in seiner Zeit, haben seit jeher Zeitgenossen und Nachgeborene, die sich mit ihm befassten, zu Spekulation, Nachdenken und Forschen veranlasst. Vasari konnte sich nur eine besondere göttliche Auserwähltheit vorstellen: »Die reichsten und manchmal übernatürlichsten Gaben sehen wir häufig auf natürliche Weise mit Hilfe der himmlischen Einflüsse über menschliche Geschöpfe ausgegossen; wir sehen in ungeheuerlicher Weise in einem einzigen Körper Schönheit, Liebenswürdigkeit und Tugend sich so vereinigen, dass, wohin auch jener sich wendet, jede seiner Handlungen so göttlich ist, dass alle anderen Menschen hinter ihm zurückbleiben und es sich deutlich offenbart: Was er leistet, ist von Gott gespendet, nicht aber durch menschliches Können errungen. Dies erkannte man bei Leonardo da Vinci.«[16]

In den folgenden Jahrhunderten wurde immer mehr auch von der exorbitanten, ihrer Zeit oft vorauseilenden stupenden Forschungstätigkeit Leonardos bekannt, sodass Goethe »vor der Tiefe der Möglichkeit« erschrickt, Jacob Burckhardt aber resignierend feststellt: »Die ungeheuren Umrisse von Lionardos Wesen wird man ewig nur von ferne ahnen können.«[17]

Dennoch wurde im 20. Jahrhundert von den verschiedensten Seiten mit ganz unterschiedlichen Ansätzen versucht, das rätselhafte Wesen dieser so hochkomplexen Persönlichkeit zu enträtseln oder etwas zur Erklärung ihres Quellgrundes beizutragen. Sigmund Freud, der Begründer der Psychoanalyse, nahm seinen Ausgangspunkt bei Leonardos Mitteilung einer ›Kindheitserinnerung‹, die wohl eher eine Fantasie war, in welcher ein Raubvogel (Milan) eine Rolle spielt. Dieser (italienisch ›nibbio‹) wurde früher fälschlich mit ›Geier‹ übersetzt, woran Freud weit reichende, inzwischen hinfällige Folgerungen knüpfte. So verweist er auf die ägyptische Mythologie, in der es eine geiergestaltige Muttergottheit gibt, die wiederum im Zusammenhang mit Leonardos Mutterbindung stehe. Er analysiert Leonardos Persönlichkeit mit dem von ihm entwickelten Instrumentarium: »Dass es ihm nach infantiler Betätigung der Wissbegierde im Dienste sexueller Interessen dann gelungen ist, den größeren Anteil seiner Libido in Forscherdrang zu sublimieren, das wäre der Kern und das Geheimnis seines Wesens«.[18]

In Freuds Nachfolge und auf ihm fußend hat Kurt Robert Eissler in einer umfangreichen Studie das Werk und die Persönlichkeit Leonardos untersucht. Für ihn »finden sich bei Leonardo etliche für die Psychopathologie des Genies bezeichnende Züge«. Wichtig ist auch hier der Bezug auf die (vermutete) Homosexualität des Künstlers und dessen Umgang mit dieser Veranlagung. Insbesondere ist ihm Leonardos Wesen gekennzeichnet durch eine ausgeprägte »Traumatophobie«, der Furcht vor jeder (Wieder-)Begegnung mit traumatischen Erfahrungen.[19]

Für Erich Neumann, einen Vertreter der Schule C. G. Jungs, spielt bei Leonardo weniger die leibliche Mutter, vielmehr die mythische ›Große Mutter‹ eine bestimmende Rolle, wobei auch er noch vom Geier-Mythos ausgeht. Er betont »die Lebendigkeit des Archetyps der Großen Mutter in Leonardos Leben und Wirken«. Dessen »Dasein war in geheimnisvoll-symbolischer Weise ein Leben im Mythos der Großen Göttin«. »So steht das Gestirn der Großen Mutter als Zentralgestirn am Himmel Leonardos.«[20]

Auch mit den Mitteln der Astrologie versuchte man der Persönlichkeitsstruktur Leonardos beizukommen. Der renommierte astrologische Autor Thomas Ring sieht die Widersprüchlichkeit von Leonardos Charakter astrologisch bedingt, da dessen Horoskop starke Spannungen und Gegensätze zeigt. »Wie ist es begreiflich, wie brachte es ein und derselbe Mensch fertig, jenes unbeschreiblich süße Lächeln, das seitdem lionardesk heißt, auf Gesichter von Jünglingen und jungen Frauen zu zaubern, zu anderer Zeit aber grausamste Kriegsmaschinen zu entwerfen? [...] Als Fanatiker der Wissenschaft sezierte dieser Mann Dutzende von Leichen, schuf andererseits ein vergeistigtes Seelendrama, ein Bild übermenschlichen Lebensverzichts: das Letzte Abendmahl. Rätsel über Rätsel sind uns aufgegeben.« – Diese Rätsel versucht der Autor zu lösen durch die Analyse des Geburtshoroskops, welches »weltweite Gegensätze umfasst«.[21]

Im Bereich der esoterisch inspirierten Literatur sind es drei französische Autoren um 1900, die versucht haben, die Persönlichkeit Leonardos geistig zu orten. Joséphin Péladan, exzentrischer Pariser Schriftsteller, Wagnerianer und Begründer eines eigenen Rosenkreuzerordens, in seinem fiktiven vermächtnishaften ›Vortrag‹ Leonardos, mit Einleitung Péladans ›selbst‹: »Es gibt keinen authentischeren Schwarzkünstler, keinen wahrhafteren Wundertäter als diesen Maler.«[22] Paul Vulliaud nennt ihn dagegen einen echten Eingeweihten: »Auch Leonardo ist ebenso wie Goethe, der Verfasser des Faust II, einem Buch voller Rätsel, ein Glied dieser großen Familie von Eingeweihten, die anscheinend gehalten sind, die Fahne ihrer höheren geistigen Erkenntnis nicht der Menge zu enthüllen, welche unfähig ist, das Gewicht der Wahrheit zu tragen.«[23]Edouard Schuré sieht ihn als Sucher nach den Mysterien: »Leonardos Gedankenwelt und Werk wurden insgeheim von der Sorge um die drei tiefen Mysterien beherrscht: das Mysterium des Bösen in Natur und Menschheit; das Mysterium der Frau; das Mysterium des Christus und des göttlichen Wortes im Menschen.«[24]

Auch Rudolf Steiner betont die singuläre Größe Leonardos und verweist als Erklärung auf dessen karmische Herkunft als Eingeweihter früherer Zeiten, ohne jedoch konkretere Angaben zu machen.[25] »Dieser ist ein Geist von so großer, umfassender Gewalt wie wirklich wenige Geister dieses Ranges auf der Erde.«[26] »Wenn wir hinschauen auf Geister wie Lionardo, so können wir sagen: Rätselvoll treten sie ins Dasein, weil sie ein Größeres auszuleben haben, als ihnen ihr Zeitalter geben kann«.[27] »Er ist zugleich umfassender Maler, umfassender Musiker, umfassender Philosoph, umfassender Techniker. Er hat dies in sich vereinigt, weil seine Seele aus der alten Zeit mit großen Fähigkeiten herüberkommt [...].«[28] Leonardo »kommt in seine Zeit hinein mit einer Seele, die in einem früheren Dasein zu jenen Eingeweihten gehört hat, die in der alten Art sich zu den Geheimnissen des Weltanschauens erhoben hatten. [...] Lionardo drängte es überall nach dem Geiste, denn das hatte er sich aus früheren Leben mitgebracht.«[29]

Begegnungen mit Leonardos Abendmahl – Gedanken aus fünf Jahrhunderten

Giorgio Vasari, *Leben der ausgezeichnetsten Maler, Bildhauer und Baumeister von Cimabue bis zum Jahre 1567,* 1568.

»Für die Dominikaner-Mönche in Santa Maria delle Grazie zu Mailand malte er ein Abendmahl von seltener und wunderbarer Trefflichkeit. Den Köpfen der Apostel gab er so viel Majestät und Schönheit, dass er das Haupt des Heilands unausgeführt ließ, überzeugt, er vermöge nicht ihm jene Göttlichkeit zu verleihen, welche für ein Bild Christi erforderlich sei. Das Werk verblieb so, gleich als ob es vollendet wäre; und ist immerdar von den Mailändern wie von fremden hoch gepriesen worden. Lionardo war darin aufs Beste gelungen, den Argwohn auszudrücken, der die Gemüter der Apostel erfasst hat und sie verlangen macht zu wissen, wer den Meister verraten habe; aus den Angesichtern aller spricht Liebe, Furcht und Zorn oder auch der Schmerz, dass sie den Sinn der Rede Jesu nicht verstehen, und dies setzt nicht minder in Verwunderung als der Trotz, Hass und Verrat, den man in Judas erkennt. Zu dem allen sind die geringsten Einzelheiten des ganzen Werkes mit unglaublichem Fleiße gearbeitet, sogar das Gewebe des Tischtuches, wie man es im feinsten Leinenzeug nicht besser sehen könnte.

Man sagt, der Prior des Klosters habe Lionardo sehr ungestüm angetrieben, das Werk zu vollenden. Ihm schien es seltsam, den Künstler bisweilen einen halben Tag in Betrachtung verloren zu sehen; es wäre ihm lieb gewesen, wenn er gleich Arbeitern, die den Garten umhacken, den Pinsel niemals aus der Hand gelegt hätte. Dies war aber nicht genug, er beschwerte sich auch gegen den Herzog und drängte diesen so lange, bis dieser sich gezwungen sah, Lionardo rufen zu lassen. Mit guter Art bat er ihn, er möge die Arbeit fördern, und versicherte, er tue dies nur auf überlästiges Ansuchen des Priors. Lionardo kannte den klaren Verstand und die Billigkeit des Fürsten, deshalb entschloss er sich, mit ihm über die Sache zu reden, was er bei dem Prior nie getan hatte. Er äußerte sich weitläufig über die Kunst und machte anschaulich, dass erhabene Geister bisweilen am meisten schaffen, wenn sie am wenigsten arbeiten, nämlich in der Zeit, wo sie erfinden und vollkommne Ideen ausbilden, welche der Verstand erfasst und die Hände darstellen. Zwei Köpfe, fügte er hinzu, wären es, die ihm noch fehlten, der des Erlösers, nach welchem er nicht auf Erden suchen wolle und von dem er nicht glaube, dass er seiner Fantasie in jener Schönheit und himmlischen Anmut vorschweben könne, welche die Mensch gewordene Gottheit umkleiden müsse; der andere sei der des Judas. Ihm scheine unmöglich, passende Gesichtszüge für jenen Jünger zu erfinden, dessen trotziger Geist nach so vielfach empfangenen Wohltaten des Entschlusses fähig gewesen, seinen Meister, den Erretter der Welt, zu verraten; nach diesem Letztern indes wolle er suchen, und finde er ihn nicht, so bleibe ihm der des lästigen und unbescheidenen Priors gewiss.

Dies brachte den Herzog sehr zum Lachen; er gab Lionardo tausendmal Recht und der arme Prior, in Verwirrung geraten, befleißigte sich, die Arbeiten im Garten zu betreiben, den Künstler aber ließ er in Frieden, und dieser führte den Kopf des Judas so trefflich zu Ende, dass er das wahre Bild des Verrates und der Unmenschlichkeit ist; das Haupt Christi dagegen blieb unvollendet, wie ich schon oben sagte. – Die Herrlichkeit dieses Gemäldes, in Zusammenstellung wie in fleißiger Ausführung, erweckte dem Könige von Frankreich Verlangen, es nach seinem Reiche bringen zu lassen; er suchte auf alle Weisen nach Baumeistern, die es mit Holzbalken und Eisen fest genug zu binden vermöchten, damit man es unbeschädigt fortbringen könne. Der möglichen Kosten achtete er nicht, so groß war sein Verlangen danach; weil es jedoch auf die Mauer gemalt war, verging Sr. Majestät die Lust dazu, und es blieb den Mailändern.«

»Nichts ließ er sich entgehen, was dem Ausdruck seines Gegenstandes dienen konnte. Durch das Feuer seiner Einbildungskraft wie durch die Stärke seines Urteilsvermögens hob er die göttlichen Dinge durch die menschlichen empor und vermochte den Menschen alle Wertgrade bis zum Heroischen zu verleihen.

Peter Paul Rubens, 1604.[30]

Das vorzüglichste der Beispiele, die er uns hinterließ, ist das Bild, das er in Mailand vom Abendmahl des Herrn gemalt hat. Jeden Apostel hat er an dem ihm angemessenen Platz dargestellt, und den Herrn an dem ehrenvollsten in ihrer Mitte, von niemandem bedrängt, niemandem zu nah an seiner Seite. Seine Haltung ist ernst, die Arme liegen frei und ruhig, um den Eindruck des Großen noch zu betonen, dagegen erscheinen die Apostel hin und her bewegt von der Heftigkeit ihrer Unruhe, in der jedoch keine Gewöhnlichkeit und kein Verstoß gegen die Wohlgemessenheit wahrzunehmen ist. Mit einem Wort: Als Auswirkung seiner tiefen Gedanken hat er einen solchen Grad der Vollkommenheit erreicht, dass es mir unmöglich scheint, darüber würdig genug zu sprechen, geschweige denn ihn nachzuahmen.«

»Der Christus in der Cena des da Vinci ist vielleicht der gelungenste, den die neuere Kunst überhaupt aufzuweisen hat; und was ihm an hoher Idealität, an Göttlichkeit mangelt, wird durch den reinsten Ausdruck der Humanität, durch die glückliche Mischung von Ernst und Milde, Würde und Erhebung vergütet, welche auf der Bildung des Heilandes schwebt. [...] Alle übrigen Figuren sind in Karakter und Ausdruck von unübertrefflicher Wahrheit, edel und interessant von Bildung, einige der älteren von hoher apostolischer Würde. Vortrefflich ist der verschiedene Grad von Lebhaftigkeit, womit der Affekt sich in den Aposteln äußert, in den mehr oder minder bewegten Stellungen und Geberden derselben ausgedrückt. [...]

Carl Ludwig Fernow, in *Neuer Teutscher Merkur,* 1800.

Kein überflüssiges Nebenwerk stört die hohe Einfachheit des Ganzen; die wohlgerundeten Figuren heben sich vortrefflich von dem Hintergrunde los; die ferne Landschaft, in die man durch die Oeffnungen der hintern Wand hinausblickt, gleicht einem schönen Hintergrunde von Poussin; auf sanften Anhöhen und Hügeln sind hin und wieder einzelne Gebäude und kleine Flecken zerstreut; ferne Gebirge begrenzen den Horizont. Das Ganze ist bis auf die Nebenwerke, zum Beispiel das Tafeltuch und das Tischgeräth, mit dem edlen, sorgsamen Fleiße ausgeführt, welcher alten Werken dieses Meisters das Gepräge der Vollendung giebt.«

Johann Gottfried Seume, *Spaziergang nach Syrakus im Jahre 1802*.

»Ich sage nichts von dem schönen Charakter der übrigen Jünger; mit vorzüglich feinem Urteil hat der Maler den Säckelmeister Judas Ischariot behandelt, damit er die ehrwürdige Gesellschaft nicht durch zu grellen Kontrast schände. Auch der Geist des Mannes ist nicht verfehlt. Er sitzt da, wie ein kühner, tiefsinniger, mit sich selbst nicht ganz unzufriedner Finanzminister, der einen großen Streich wagt: Er rechnete für die Gesellschaft, nicht für sich. Auch psychologisch ist Ischariot noch kein Bösewicht; nur ein Unbesonnener. Ein Bösewicht hätte sich nachher nicht getötet. Er glaubte, der Prophet würde sich mit Ehre retten. Ich möchte freilich nicht Judas sein und meinen Freund auf diese Weise in Gefahr setzen: aber vielleicht eben nur darum nicht, weil ich nicht so viel Glauben habe als er. – Jetzt muss man auf einer Leiter hinuntersteigen in den Saal, der untere Eingang ist vermauert: Und nun leidet das Stück durch feuchte, dumpfe Luft vielleicht ebenso sehr, als vorher durch andere üble Behandlung.«

Johann Wolfgang Goethe, *Joseph Bossi über Leonard da Vincis Abendmahl zu Mailand 1810*, 1817.

»In solche Zeit kam Leonard, und wie ihm, bei angeborner Kunstfertigkeit, die Natur nachzuahmen leicht war, so bemerkte sein Tiefsinn gar bald, dass hinter der äußern Erscheinung, deren Nachbildung ihm so glücklich gelang, noch manches Geheimnis verborgen liege, nach dessen Erkenntnis er sich unermüdet bestreben sollte; er suchte daher die Gesetze des organischen Baus, den Grund der Proportion, bemühte sich um die Regeln der Perspektive, der Zusammenstellung, Haltung und Färbung seiner Gegenstände im gegebenen Raum, genug, alle Kunsterfordernisse suchte er mit Einsicht zu durchdringen; was ihm aber besonders am Herzen lag, war die Verschiedenheit menschlicher Gesichtsbildung, in welcher sich sowohl der bestehende Charakter als die momentane Leidenschaft dem Auge darstellt [...].

Dem Eingang an der schmalen Seite gegenüber, im Grunde des Saals, stand die Tafel des Priors, zu beiden Seiten die Mönchstische, sämtlich auf einer Stufe vom Boden erhöht; und nun, wenn der Hereintretende sich umkehrte, sah er an der vierten Wand über den nicht allzu hohen Türen den vierten Tisch gemalt, an demselben Christus und seine Jünger, eben als wenn sie zur Gesellschaft gehörten. [...] Christus sollte sein Abendmahl bei den Dominikanern zu Mailand einnehmen. [...]

Das Aufregungsmittel, wodurch der Künstler die ruhig heilige Abendtafel erschüttert, sind die Worte des Meisters: ›Einer ist unter euch, der mich verrät.‹ Ausgesprochen sind sie, die ganze Gesellschaft kommt darüber in Unruhe; er aber neigt sein Haupt, gesenkten Blickes, die ganze Stellung, die Bewegung der Arme, der Hände, alles wiederholt mit himmlischer Ergebenheit die unglücklichen Worte, das Schweigen selbst bekräftigt: ›Ja, es ist nicht anders! Einer ist unter euch, der mich verrät.‹

Ehe wir aber weitergehen, müssen wir ein großes Mittel entwickeln, wodurch Leonard dieses Bild hauptsächlich belebte: Es ist die Bewegung der Hände; dies konnte aber auch nur ein Italiener finden. Bei seiner Nation ist der ganze Körper geistreich, alle Glieder nehmen teil an jedem Ausdruck des Gefühls, der Leidenschaft, ja des Gedankens. [...] Einer solchen Nationaleigenschaft musste der alles Charakteristische höchst aufmerksam betrachtende Leonard sein forschendes Auge besonders zuwenden; hieran ist das gegenwärtige Bild einzig, und man kann ihm nicht genug Betrachtung widmen. Vollkommen übereinstimmend ist Gesichtsbildung und jede Bewegung, auch dabei eine dem Auge gleich fassliche Zusammen- und Gegeneinanderstellung aller Glieder auf das Lobenswürdigste geleistet.«

Stendhal (eig. Marie-Henri Beyle), ***Geschichte der Malerei in Italien,*** **1817.**

»Lionardo empfand die himmlische Reinheit und das tiefe Zartgefühl, das in dieser Handlungsweise Christi liegt. Von der abstoßenden Gemeinheit dieses schwarzen Verrats erschüttert, erkennt er die ganze Schlechtigkeit der Menschen. Das Leben wird ihm zuwider, und er findet es holder, sich der himmlischen Schwermut hinzugeben, die seine Seele erfüllt, als ein unglückliches Leben zu retten, das er stets mit solchen Undankbaren teilen müsste. Jesus sieht seinen Plan der allgemeinen Menschenliebe zerstört. ›Ich habe mich geirrt‹, sagt er sich, ›ich habe die Menschen nach meinem Herzen beurteilt.‹ [...]

Lionardos Seele, mehr edel als leidenschaftlich, verabsäumte nie, seine Figuren durch die äußerste Feinheit und Vollendung der Architektur, des Hausrats und der sie umgebenden Ornamente zu steigern. Ein feinfühliger Mensch, der über Malerei nachdenkt, wird mit Erstaunen gewahr, dass die kleinen blauen Streifen, die das Weiß des Tischtuches durchschneiden, und die zarten, regelmäßigen und schlichten Ornamente des Saales, der dieser rührenden Szene zum Schauplatz dient, den Adel des Ganzen noch vermehren. Das sind die Mittel der Malkunst. Was gibt es Ruppigeres als die Metallstückchen, die man Drucklettern nennt? Und doch stürzen sie Tyrannen vom Throne.«

Carl Gustav Carus, ***Lebenserinnerungen und Denkwürdigkeiten,*** **1821.**[31]

»Zum Kloster Madonna delle Grazie zog uns hierauf Leonardo da Vincis unsterbliche ›Cena‹. Ein hohes, rundliches, altes Gebäude von unbeworfenen Ziegelsteinen, jetzt mehr und mehr der Verwitterung sich entgegenneigend, birgt dieses wunderbare Werk. Die Kirche allein dient noch ihrem ersten Zwecke, die Klostergebäude sind für Ökonomisches verwendet. Es wird die große Türe des Refektoriums aufgeschlossen, man tritt ein in den langen, hohen, gewölbten Saal und gewahrt sogleich an der rechten Querwand, halb über einer jetzt vermauerten Tür, dieses gewaltige, nun in das vierte Jahrhundert hineinleuchtende Kunstwerk; zwar in seinem allerletzten Verblassen, aber auch so noch schön. Man erkennt erst hier recht deutlich, wie bei der weit übermenschlichen Größe der Figuren Vinci nur durch Einfachheit und Vermeidung alles Verwirrenden die höchste Wirkung hervorgebracht hat. Mit Ehrfurcht berührte ich die Wand, an welcher Vinci einst arbeitete! Nie, ich gestehe es, habe ich ein so eigentlich historisches Bild sonst irgendwo gefunden, nie so tiefe Weisheit des Meisters so schön ausgesprochen gesehen als in diesem, jetzt nur auf fleckiger, vermodernder Wand noch unbestimmt schwebenden Bilde, welches, einem Geiste vergleichbar, der höhern Regionen gereift ist, schon großenteils von diesem irdischen Boden sich gelöst hat.«

Jacob Burckhardt, ***Der Wanderer in der Schweiz,*** **1839.**

»Durch eine kleine Tür neben der Kirche gelangte ich in den feuchten, mit verblichenen Wandgemälden bedeckten Kreuzgang, der gewiss nicht auf die Nähe des herrlichen Freskobildes schließen ließe. Ich bemerkte eine einfache Tür links und darüber eine Inschrift: Eugen, Vizekönig von Italien, habe den Saal herstellen und vor fernerer Verunstaltung sichern lassen. Unter der Tür steht der Kustode und winkt mir, ich trete ein und befinde mich in dem ungeheuren Refektorium der Dominikaner, einem oblongen Saal, an dessen beiden kleineren Seiten eine Kreuzigung und ein Abendmahl in fast verblichenen Farben zu erkennen sind. Ist das Leonardo da Vincis Meisterstück?, murmelt der Philister. Das soll das gerühmte Kolorit des Florentiners sein? Und diese rohen, nichts sagenden Gesichter schreibt man dem ersten Porträtmaler aller Zeiten zu? Nur Geduld! Der Geist lebt noch in dem Bilde, und die göttliche Komposition, der unerhört und unglaublich großartige Gedanke glüht lebendig und frisch in dem schändlich entehrten und misshandelten Original wie in der kleinsten und flüchtigsten Kopie fort. Freilich haben die Elemente, hat Witterung und Überschwemmung, Speisendampf und Pferdedampf, hat endlich die frevelnde Menschenhand an dem Bilde verderbt, was verderbt werden konnte, und der Besuch des alten, feuchten Refektoriums hat für den, der Raphael Morghens schönen Kupferstich kennt, wenig andern Wert als den einer historischen Erinnerung und einer erfüllten Pietätspflicht, obschon es zuletzt immer belehrend und für die genaue Kenntnis eines Gemäldes nötig ist, den Platz zu erkennen, für den der Maler sein Werk bestimmt und berechnet hat. Allein das Bild war einmal das Höchste, was der Pinsel geschaffen hat, und das genügt.

Wohl sind die Köpfe dreimal übermalt worden und haben zum Teil allen Ausdruck dabei eingebüßt, aber die lebhaften, außerordentlich sprechenden Gebärden der sämtlichen Figuren lassen auf die ehemalige Herrlichkeit der Köpfe schließen. Und noch ist auch an diesen das Beste nicht verloren. Betrachte einmal diese herrliche Abwechslung von Greisen, männlichen und jugendlichen Häuptern, und siehe, wie wahr die dazu gehörenden Gebärden sind! Nicht eine Figur gleicht der andern (ein Vorzug, den kaum eine andere Vorstellung desselben Gegenstandes mit dieser teilt); jede ist für sich ein belebtes Ganzes, und doch wieder, welche enge Zusammengehörigkeit! Denke dir eine einzige Figur weg, und das Gemälde ist zerstört. Jede Hand, jede Bewegung eines Fingers erscheint unentbehrlich; du glaubst, die Idee des ganzen Gemäldes müsse dem Maler in einem und demselben Augenblick plötzlich vor die Seele getreten sein, und kannst dich nicht überreden, dass jede Figur, jede Gruppe für sich sei gedacht und erfunden worden.«

Jacob Burckhardt, *Der Cicerone. Eine Anleitung zum Genuss der Kunstwerke Italiens,* 1855.

»Die Kunst hat kaum einen bedenklichern Gegenstand als diesen, die Wirkung eines Wortes auf eine sitzende Versammlung. Nur ein Strahl in zwölfmaligem Reflex. Würde aber der geistige Inhalt dabei gewinnen, wenn die Zwölfe, leidenschaftlich bewegt, ihre Plätze verließen, um reichere Gruppen, größere dramatische Gegensätze zu bilden? Die Hauptsache, nämlich die Herrschaft der Hauptfigur, welche doch nur sitzen und sprechen dürfte, ginge ob dem Handeln der Übrigen unvermeidlich verloren. [...]

Ein ganz gewaltiger Geist hat hier alle seine Schätze vor uns aufgetan und jegliche Stufe des Ausdruckes und der leiblichen Bildung in wunderbar abgewogenen Grundsätzen zu einer Harmonie vereinigt. [...] Und wiederum von der bloß malerischen Seite ist alles neu und gewaltig, Gewandmotive, Verkürzungen, Kontraste. Ja, sieht man bloß auf die Hände, so ist es, als hätte alle Malerei vorher im Traum gelegen und wäre nun erst erwacht.«

Hermann Dalton, *Lionardo da Vinci und seine Darstellung des Heiligen Abendmahls,* 1874.

»Der Blick des Meisters umflort sich. In den Zügen spiegelt sich das Leid seiner Seele ab, die betrübet ist bis zum Tode. Wie die Schwüle vor einem Gewitter, so teilt sich eine gedrückte, beängstigende Stimmung allen mit. Und nun muss das Donnerwort gesprochen werden: Einer unter euch wird mich verraten. Als ob ein Geier unversehens in eine Taubenschar gestoßen wäre, so wirkt das furchtbare Wort auf die Jünger und wühlt ihr innerstes Gemütsleben in der Tiefe auf, dass es erschreckt zu Tage tritt. Das Wort dröhnet langsam, schwer nach in der Seele der Einzelnen, die völlig dem unerwarteten Eindruck preisgegeben sind.

Das ist der erschütternde Augenblick, dem Lionardo mit genialer Kraft sein gewuchtiges: ›stehe still‹ zugerufen. Und er hat stille stehen müssen vor dem Künstlerauge von Gottes Gnade und hat sich festhalten lassen in den Banden formvollendeter Schönheit. Das Bild ist anzuschauen wie eine gewaltige Fuge: Der Meister in der Mitte, so ruhig, so bewusst dessen, was er getan, hat den Akkord angeschlagen, und nun läuft die Tonweise durch alle Seelenregister der Anwesenden hindurch, in jedem Einzelnen in eigentümlicher Weise widerhallend.«

Rainer Maria Rilke,
Das Buch der Bilder, 1903.

DAS ABENDMAHL

Sie sind versammelt, staunende Verstörte,
um ihn, der wie ein Weiser sich beschließt
und der sich fortnimmt denen er gehörte
und der an ihnen fremd vorüberfließt.
Die alte Einsamkeit kommt über ihn,
die ihn erzog zu seinem tiefen Handeln;
nun wird er wieder durch den Ölwald wandeln,
und die ihn lieben werden vor ihm fliehn.

Er hat sie zu dem letzten Tisch entboten
und (wie ein Schuss die Vögel aus den Schoten
scheucht) scheucht er ihre Hände aus den Broten
mit seinem Wort: sie fliegen zu ihm her;
sie flattern bange durch die Tafelrunde
und suchen einen Ausgang. Aber *er*
ist überall wie eine Dämmerstunde.

Edouard Schuré, *Propheten des Humanismus,* 1919.

»Mit einem Flügelschlag erhob sich Leonardo zum Gipfel und Zentrum des Themas wie der Adler aus der Tiefe des Abgrunds in sein Reich über dem zerklüfteten Meer der Berge gegenüber der Sonne. Den Christus Jesus bei seinem Abschiedsmahl zu malen, in dem Augenblick, da er den höchsten Entschluss fasst, sich seinen Feinden auszuliefern, das hieß, das psychologische Moment des sich in der Welt vollziehenden göttlichen Dramas wiederzugeben. Zugleich die Auswirkung dieser Tat auf die zwölf Apostel von je verschiedenem Charakter darzustellen, das hieß, die Natur dieser Tat durch ihre Wirkung auf die Menschheit zu enthüllen, so wie das Spiel der Farben im Prisma die Natur des Lichtes offenbart. Es handelte sich um die Erhellung des Menschlichen durch das Göttliche in einem blendenden Blitzschlag. Fügen wir sofort hinzu, dass Leonardo in einer ersten und mit seiner wissenschaftlichen Konzeption des Universums übereinstimmenden Idee dieses Göttliche zunächst nur als Ergebnis der menschlichen Evolution erschien, als Quintessenz des Menschlichen in Form vollkommener Güte und höchster Nächstenliebe. Erst später, als er sein Werk fast vollendet hatte und nicht wagte, letzte Hand an das Antlitz Christi zu legen, musste er sich eingestehen, dass er im Christus Jesus etwas die Menschheit auf geheimnisvolle Weise Überragendes vor sich hatte, das, um das Golgatha-Opfer zu vollbringen, nicht allein Menschensohn, sondern auch Sohn Gottes sein musste. Der Denker begleitete den Künstler auf seinen Höhepunkt. Aber dort bewies der Künstler dem Denker, dass er dessen Meister war, indem er ihm eine neue Welt entdeckte. Wie wenn das Werk eine seinen Schöpfer überragende Bedeutung gewinnt. Wenn sich die Kunst im Denken spiegelt, sieht sie dort nur ihr zerstückeltes Bild; wenn sich aber das Denken in der Kunst betrachtet, findet es dort seine Synthese in einer höheren Idee. [...]

Was Judas betrifft, der sein krummes Profil mit einem herausfordernden Blick und dem Ruf ›Ich bin es nicht!‹ Christus zuwendet, so verrät ihn sein Protest noch deutlicher als das Wort des Meisters, denn er proklamiert seine Unschuld mit Henkersmiene. So stehen sich im Zentrum des Gemäldes die beiden Extreme der Seelenskala gegenüber, der durch das Böse gefallene Mensch, verhärtet in der Hölle des Neides, der Habgier und des ohnmächtigen Hasses, und der Mensch gewordene Gott, das himmlische Wort, die durch das Opfer siegreiche Liebe. Dies ist schließlich der Strom der menschlichen und göttlichen Kräfte, der sich über die zwölf Apostel und den Christus des Leonardo ergießt, wie der Strom der Töne durch eine mit allen Registern brausende Orgel. Man könnte hier in großen Linien die Hierarchie der Kräfte wiederfinden, die das Universum regieren und der Menschheit ihre Ordnung geben.«

Heinrich Wölfflin, *Die Klassische Kunst,* 1908.

»Neben Raffaels Sixtinischer Madonna ist das Abendmahl Lionardos das populärste Bild der ganzen italienischen Kunst. Es ist so einfach und ausdrucksvoll, dass es sich jedem einprägt. Christus in der Mitte eines langen Tisches, die Jünger gleichmäßig zu seinen Seiten; er hat es gesagt: Einer ist unter euch, der mich verrät! Und diese unerwartete Rede bringt die Versammlung in Aufruhr. Er allein bleibt still und hält das Auge gesenkt und in dem Schweigen liegt die wiederholte Erklärung: Ja, es ist nicht anders, einer ist unter euch, der mich verraten wird. Man meint, dass die Geschichte überhaupt nie anders habe erzählt werden können, und dennoch, es ist alles neu in dem Bild Lionardos, und gerade das Einfache ist erst der Gewinn der höchsten Kunst. [...]

Wie ein Blitz hat das Wort des Herrn eingeschlagen. Ein Sturm von Empfindungen bricht ringsum los. Nicht unwürdig, aber so wie Männer, denen ihr Heiligstes genommen werden soll, gebaren sich die Apostel. Eine gewaltige Summe vollkommen neuen Ausdrucks tritt hier in die Kunst ein, und wenn Lionardo mit Vorgängern sich berührt, so ist es die unerhörte Intensität des Ausdrucks, die seine Figuren doch wieder ohnegleichen erscheinen lässt. Wo solche Kräfte in Aktion treten, da ist es selbstverständlich, dass das viele unterhaltende Beiwerk der hergebrachten Kunst wegbleibt.«

Georg Simmel, *Zur Philosophie der Kunst,* 1922.

»Die künstlerischen Aufgaben, die Lionardo sich hier gestellt hat, sind durch dieses Bild zum Gemeinbesitz aller folgenden Entwicklung der Malerei geworden: Bei mangelnder Kenntnis der vorangegangenen könnte deshalb die unerhörte Größe der Leistung, die völlige Neuheit der durch sie geschaffenen Welt sich verbergen – wenn nicht die hier zuerst aufkommenden Probleme hier zugleich vollendeter als je nachher gelöst wären. Es ist nicht nur ein erster Anfang, sondern ein letztes Ende. Vor allem: Zum ersten Male ist eine Situation gezeigt, die, eine große Anzahl von Personen gleichzeitig ergreifend, jede von ihnen zum stärksten, vollendetsten Ausdruck ihres besonderen Wesens bringt. Gewiss haben schon Giotto und Duccio die gemeinsame Erregung einer Menge zum Ausdruck gebracht. Allein die Menschen bleiben bei ihnen sozusagen anonym, selbstlose Träger eines Affekts, bloße Beispiele eines Allgemeinbegriffs von Stimmung oder Leidenschaft. Im Abendmahl Lionardos treibt die Erregung, was ihr vorher nie gelang, das tiefste, als einzigartig empfundene Persönliche in die Erscheinung. Wie etwas Selbstverständliches erscheint hier das Wunderbare: ein äußeres Ereignis – das Wort des Heilands: ›Einer unter euch ist, der mich verraten wird‹ – kommt über eine Anzahl völlig verschiedener Menschen und veranlasst jeden Einzelnen von ihnen zur vollsten Entwicklung und Offenbarung seiner individuellen Eigenart. Der Vorgang und die Teilnehmer sind so zueinander geordnet, dass jener sozusagen an den Einzigkeitspunkt in jedem der Letzteren rührt. Zum ersten Male ist hier in einem Gruppenbild jene volle innere Freiheit der Persönlichkeiten errungen, mit der die Renaissance die Befangenheit des mittelalterlichen Menschen überwunden und der Neuzeit ihr Stichwort gegeben hat, die Freiheit, für welche die ganze Welt und ihr Geschehen nur ein Mittel und eine Anregung ist, durch die das Ich zu sich selbst kommt. Die Spannung, die sonst zwischen dem beharrenden Charakter des Menschen und der momentanen, durch äußere Mächte veranlassten Erregung besteht, zeigt sich hier wie in einer höheren Einheit gelöst; diese Erregung wird zum Kanal, durch den das eigentliche Sein der Individuen hemmungslos nach außen flutet, durch den die körperliche Erscheinung zur restlosen Offenbarung unermesslich verschiedener Temperamente, seelischer Werte, tiefster Seinsgründe wird.

Es ist doch überhaupt Sinn und Glück der Kunst, dass sie Erscheinungsreihen, die in der Wirklichkeit gleichgültig, zufällig, feindlich nebeneinander laufen, als tief verbundene enthüllt, in einer Harmonie einbegriffen, eine als das Symbol der anderen: der Sinn des Gedichts und die Hörbarkeit seiner Worte, deren klanglicher Rhythmus mit jenem Schritt hält, im Gegensatz zu der Zufälligkeit ihrer Begegnung in der unkünstlerischen Äußerung; die blinde Notwendigkeit in den Dingen und Ereignissen und die spielende Freiheit, mit der der Künstler sie so noch einmal erzeugt, als wäre der Grund in ihm, aus dem heraus er schafft, eben derselbe, aus dem der Natur ihre völlig anders formulierte Gesetzlichkeit kommt; der sinnliche Reiz der geklärten Raumform, der verteilten Farbflecken, der Licht- und Schattenspiele, mit dem das Porträt sich schmücken muss, während es doch zugleich den Ansprüchen aus ganz anderen Ordnungen der Dinge gehorcht: der Ähnlichkeit mit dem Modell mit all seinen Zufälligkeiten und dem Ausdruck der Seele, die hinter aller Erscheinung überhaupt steht. Das Abendmahl hat diesen Harmonien, mit denen die Kunst die Zufälligkeit des Lebens überwindet, eine neue hinzugefügt: Ein ungeheures Schicksal, mit jenen Worten Christi von einem Punkte ausgehend und in ihn zurückkehrend, zwingt die Jünger nicht mehr in eine Gleichheit des Affektes und Ausdrucks, sondern wirkt auf jeden, als wären sie gerade auf seine Persönlichkeit eingestellt, als gewänne dasjenige, worin jeder Erlebende völlig einzig ist, erst durch diese Gemeinsamkeit des Erlebens seine rückstandslose Entwicklung und Offenbarung.

Darum gibt es in diesem Bilde – vielleicht als in dem einzigen von gleicher Figurenzahl – keine Nebenpersonen. Wo das ganze und tiefste Wesen eines Menschen sich darbietet, kann er nicht mehr zur Nebenfigur werden, deren Sinn es immer ist, dass sie nur mit einem Stück ihrer Existenz in das Kunstwerk hineinreicht, während die Hauptfiguren die Summe ihres Daseins in dessen Grenzen zusammenfassen. Das Lebensproblem der modernen Gesellschaft: wie aus individuell absolut verschiedenen und dabei gleichberechtigten Persönlichkeiten eine organische Geschlossenheit und Einheit werden könnte – ist hier in der Vorwegnahme durch die Kunst ›im Bilde‹ gelöst.«

Emil Bock,
***Reisetagebücher,* 1938.**

»Zuletzt besuchte ich im Westen vor der Stadt Santa Maria delle Gracie, die schöne Renaissance-Kirche mit dem polygonen Kuppelaufsatz von Bramante. Dort ist im ehemaligen Klosterrefektorium Leonardo da Vincis Abendmahl. Dies ist doch dasjenige Kunstwerk der Renaissance, in welches am unmittelbarsten die urchristliche Strömung einmündet, mehr noch als in die Malereien Michelangelos in der Capella Sixtina, mehr auch als in die Bilder Raffaels in den Stanzen. Schon allein in formaler Hinsicht: Die Bilder von der Abendmahlsrunde in den Sakramentskapellen der S. Callisto-Katakombe oder in der Capella graeca von Santa Priscilla kommen hier zur Vollendung. Der Geist und die Stimmung des Coenaculums vom Zionsberge wird beschworen. Zugleich aber ist in die Darstellung der Apostelgestalten schon der ganze schmerzlich errungene Individualitäts-Impuls der mündig werdenden Menschheit mit aufgenommen. Es hat für die neuere Geschichte des Christentums etwas Erschütterndes, sich klarzumachen, dass zu Ende des 15. Jahrhunderts dies Bild gemalt worden ist, drei Jahrzehnte bevor die Reformation durch die verhängnisvolle Diskussion über das Abendmahl den unheilbaren Riss erhielt zwischen Luther und Zwingli und ihren Kreisen.«

Heinz Demisch, *Lionardos Abendmahlbild,* 1952.[32]

»Es ist nicht leicht, die behutsamen Andeutungen herauszuarbeiten, mit denen Lionardo das Bekenntnis zum planetarisch-kosmischen Bedeutungsrang der Abendmahlsszene seiner Bildkomposition einverwoben hat. Die mathematisch strenge Orientierung des Bildes auf seinen Mittelpunkt in der Christusgestalt, das Auswägen der beiden in sich quadratischen Bildhälften bis in feinste Nuancen, das fast magische Gleichgewicht zwischen der Statik des Handlungsraumes und der Dynamik der Handlungsträger und die weit ausholenden, aber zur Ruhe harmonisierten Bewegungszüge in den Jüngergruppen vermitteln dem Unterbewusstsein bereits den wesentlichen Kern des Bildinhaltes. Sollte es wirklich nur ein einfallsreiches Spiel sein, wenn der Ausgangspunkt des perspektivischen Lineaments in das Haupt Christi verlegt wurde? Die Hand großer Künstler verleiht jedem ›Spiel‹ eine offenbarende Kraft und lässt es unmittelbar zu den unbewussten Seelentiefen sprechen.«

Das Abendmahl im Neuen Testament

Die für Leonardos Darstellung relevanten Stellen aus dem Neuen Testament (mit Ausnahme der Einsetzung der Eucharistie) sind *kursiv* gesetzt. Als Textgrundlage dient die Übersetzung von Heinrich Ogilvie, Stuttgart 1996.

Matthäus 26,20–28

»Als es Abend geworden war, ließ sich Jesus zum Mahle nieder mit den Zwölfen. Und während sie aßen, sprach er: Amen, ich sage euch: Einer von euch wird mich verraten. Da wurden sie sehr traurig und fingen an, einer um den andern, ihn zu fragen: Ich bin es doch nicht, Herr? Er gab zur Antwort: Der mit mir zusammen die Hand in die Schüssel taucht, wird mich verraten. Zwar geht der Menschensohn seinen Weg, wie es von ihm geschrieben steht; aber wehe jenem Menschen, durch den der Menschensohn verraten wird. Für jenen Menschen wäre es besser, er wäre nicht geboren. Nun sagte Judas, sein Verräter: Ich bin es doch nicht, Rabbi? Er spricht zu ihm: Du hast es selbst gesagt.

Während sie aßen, nahm Jesus das Brot, segnete es, brach es und gab es den Jüngern, indem er sprach: Nehmet und esset; dies ist mein Leib.

Und er nahm den Kelch, sprach das Dankeswort, gab ihn den Jüngern und sprach: Trinket alle daraus; dies ist mein Blut, das Blut des Bundes, für viele vergossen zur Tilgung der Sünden.«

Markus 14,17–24

»Und als es Abend geworden war, kommt er mit den Zwölfen. Als sie sich niedergelassen hatten und aßen, sagte Jesus: Amen, ich sage euch: Einer von euch wird mich verraten, einer, der mit mir isst. Da wurden sie traurig und begannen zu ihm zu sprechen, einer nach dem andern: Doch nicht ich? Er sagte ihnen: Einer von euch Zwölf, der mit mir den Bissen in die Schüssel taucht. Wohl geht der Menschensohn seinen Weg, wie über ihn geschrieben ist; aber wehe jenem Menschen, durch den der Menschensohn verraten wird. Für jenen Menschen wäre es besser, er wäre nicht geboren.

Und als sie aßen, nahm er das Brot, sprach das Wort des Segens, brach es und gab es ihnen und sagte: Nehmet hin, dies ist mein Leib.

Dann nahm er den Kelch, sprach das Wort des Dankes und gab ihn den Jüngern; und alle tranken daraus. Und er sagte zu ihnen: Dies ist mein Blut, das Blut des neuen Bundes, vergossen für viele.«

Lukas 22,3 und 7–23

»Da fuhr der Satan in Judas, der Iskariot genannt wurde, einen aus der Zahl der Zwölf [...].

Es kam der Tag der ungesäuerten Brote, an dem das Passahlamm geopfert werden musste. Da entsandte er Petrus und Johannes mit den Worten: Geht und bereitet uns das Passah, damit wir das Mahl halten können. Sie fragten ihn: Wo sollen wir es bereiten? Er sagte ihnen: Seht, sobald ihr in die Stadt hineinkommt, wird euch ein Mensch begegnen, der einen Krug Wasser trägt; geht ihm nach bis in das Haus hinein, das er betritt. Dort sprecht zu dem Hausherrn: Der Meister lässt dir sagen: Wo ist der Raum, in welchem ich mit meinen Jüngern das Passahmahl halten kann? Da wird er euch *ein großes Obergemach* zeigen, das mit Polstern belegt ist; dort richtet alles zu. Sie gingen und fanden es so, wie er ihnen gesagt hatte, und bereiteten das Passahmahl.

Und als die Stunde gekommen war, ließ er sich nieder und die Apostel mit ihm. Und er sprach zu ihnen: Wie innig hat mein Herz danach verlangt, dieses Passahmahl mit euch zu halten vor meinem Leiden. Denn ich sage euch: Ich werde dieses Mahl nicht mehr halten, bis es seine Erfüllung findet im Reiche Gottes. Und er nahm den Kelch, sprach das Dankgebet und sagte: Nehmt diesen hin und teilt ihn unter euch aus! Denn ich sage euch: Von nun an werde ich nicht mehr von der Frucht des Weinstocks trinken, bis das Reich Gottes kommt. Und er nahm das Brot, sprach das Dankgebet und brach es und gab es ihnen mit den Worten: Dies ist mein Leib, der für euch gegeben wird. Vollzieht hinfort diese Handlung zu meinem Gedenken! Und ebenso nahm er nach dem Essen den Kelch mit den Worten: Dieser Kelch stiftet den neuen Bund in meinem Blute, das für euch vergossen wird. *Aber siehe, die Hand meines Verräters ist mit der meinigen auf dem Tisch.* Wohl geht der Menschensohn seinen Weg, wie es bestimmt ist; aber wehe dem Menschen, durch den er verraten wird! *Da begannen sie sich gegenseitig zu fragen, wer es sein könne, der solches tun wolle.«*

Johannes 6,70–71

»Habe ich nicht euch, die Zwölf, erwählt; und einer von euch ist ein Widersacher. Damit meinte er Judas, den Sohn des Simon Iskariot. Dieser war es, der ihn dann verriet, einer von den Zwölfen.«

Johannes 12,4 und 6

»Judas Iskariot aber, einer von seinen Jüngern, der vorhatte, ihn zu verraten, [...] sagte dies aber nicht, weil er um die Armen besorgt war, sondern aus Diebsgesinnung; *er trug den Beutel* und verwaltete die Gaben.«

Johannes 13,2 und 21–30

»Es war bei dem Abendmahl; der Widersacher hatte schon Judas, dem Sohn des Simon Iskariot, ins Herz gegeben, dass er ihn verriete. [...]

Als er das gesagt hatte, ward Jesus im Geiste erschüttert, und er bezeugte: Amen Amen, ich sage euch: Einer von euch wird mich verraten. Die Jünger blickten einander an, ratlos, wen er wohl meine. Nun saß einer von seinen Jüngern mit zu Tisch, am Schoß Jesu liegend, er, den Jesus liebte. Ihm winkt Simon Petrus, er solle fragen, wer es sei. Da neigt sich jener zu Jesu Brust und fragt ihn: Herr, wer ist es? Da antwortet Jesus: Der ist es, dem ich den Bissen eintauchen und geben werde. Und er nimmt den Bissen, taucht ihn ein und gibt ihn Judas, dem Sohn des Simon Iskariot. Und als der den Bissen genommen hatte, fuhr der Satan in ihn. Jesus spricht zu ihm: Was du tun willst, das tue gleich! Keiner von denen, die zu Tische saßen, verstand, was er damit meinte. Einige dachten, da Judas die Kasse verwaltete, habe ihm Jesus sagen wollen: Kaufe, was wir nötig haben für das Fest, oder: Er solle den Armen etwas geben. Er nun, nachdem er den Bissen empfangen, ging sogleich hinaus; es war Nacht.«

Paulus, 1. Korinther 11,23–25

»Ich habe es ja von dem Herrn selbst empfangen, was ich euch überliefert habe: In der Nacht, da er verraten wurde, nahm der Herr Jesus Brot, sprach die Dankesworte darüber, brach es und sagte: Nehmet hin und esst, das ist mein Leib, der für euch gegeben wird; vollzieht fortan diese Handlung im Gedenken an meine Gegenwart. In gleicher Weise nahm er nach der Speisung den Kelch und sprach: Dieser Kelch ist der neue Bund in meinem Blute; vollzieht fortan diese Handlung, so oft ihr trinkt, im Gedenken an meine Gegenwart.«

Anmerkungen

Entstehung, Verlust und Wiedergewinnung des Abendmahls

1 Oswald Spengler, *Der Untergang des Abendlandes. Umrisse einer Morphologie der Weltgeschichte,* Band II: »Welthistorische Perspektive«, München 1922, S. 358. Der so genannte *Hexenhammer (Malleus maleficarum)*, verfasst vom Inquisitor und Dominikaner Heinrich Institoris, 1487 erstmals gedruckt, wurde zum theologischen und juristischen Grundlagenwerk für alle Fragen der Hexenverfolgung und -prozesse.

2 Vollständiger Text bei Lücke, S. 889f., und Schneider, S. 76f.

3 Werner Spies in seiner Rezension der Ausstellung von Zeichnungen Leonardos im Louvre, in *Frankfurter Allgemeine Zeitung,* 3. Juni 2003.

4 Antonio de Beatis, zitiert nach Möller.

5 Giorgio Vasari, *Le Vite de' più eccellenti pittori, scultori ed architetti italiani,* 2., erweiterte Ausgabe, Florenz 1568, Kapitel »Das Leben des Girolamo da Carpi«.

6 Peter Paul Rubens, zitiert nach Heydenreich.

7 Rudolf Steiner, Vortrag vom 14. November 1911, in *Die Evolution vom Gesichtspunkte des Wahrhaftigen* (GA 132), Dornach [3]1958, S. 59.

8 Pietro C. Marani, »Leonardo's Last Supper«, in *Leonardo. The Last Supper,* Milano 1999, S. 52.

9 Rudolf Steiner, Vortrag vom 7. November 1911, in *Die Evolution vom Gesichtspunkte des Wahrhaftigen* (GA 132), Dornach [3]1958, S. 42.

Die Motivgeschichte des Abendmahls und ihre Fortführung bei Leonardo

1 Siehe Michael Ladwein, »Christus und die griechischen Götter«, in *Die Christengemeinschaft,* 4, 2002.

2 Emil Bock und Robert Goebel, *Die Katakomben. Bilder aus der Welt des frühen Christentums,* Stuttgart [2]1961, S. 41.

3 Eine Buchmalerei des Codex Rossano (siehe Heydenreich, Abb. 19) gehört ebenfalls diesem Typus an, ist aber in ihrer künstlerischen Bedeutung nicht vergleichbar.

4 Zur Geschichte der Judasdarstellung beim Abendmahl siehe Monstadt; zur Judasfrage allgemein: Rudolf Steiner, *Das Markus-Evangelium* (GA 139), Dornach [7]1999; Emil Bock, *Cäsaren und Apostel,* Stuttgart [5]1978; Ruth Ewertowski, *Judas. Verräter und Märtyrer,* Stuttgart 2000; ferner: *Judas. Ein literarisch-theologisches Lesebuch,* hrsg. von Matthias Krieg, Zürich 1996. Zum Judas auf Leonardos *Abendmahl:* Thomas Meyer, »Leonardo da Vincis ›Abendmahl‹ und die Auseinandersetzung mit dem Bösen«, in *Der Europäer,* 6, 2002.

5 Zumindest ist dieses das älteste erhaltene Beispiel, dem wahrscheinlich noch frühere Gestaltungen vorausgingen; siehe Monstadt, S. 139, Anmerkung 1.

6 Siehe Johann Wolfgang Goethe, »La Cena, pittura in muro di Giotto«, in *Über Kunst und*

Altertum, V, 1, 1824. Äußerungen Goethes über Leonardo da Vinci und dessen *Abendmahl* finden sich ferner in folgenden *Schriften*: »Joseph Bossi über Leonard da Vincis Abendmahl zu Mailand 1810«, in *Über Kunst und Altertum,* I, 3, 1817; »Studium von Leonard da Vinci«, in *Über Kunst und Altertum,* III, 2, 1821; »Das Relief von Phigalia«, Erstveröffentlichung in *Goethe-Jahrbuch 1898,* hrsg. von Otto Harnack. *Briefe:* An den Herzog Carl August, Mailand, 23. Mai 1788: »Dagegen ist das Abendmahl des Leonard da Vinci noch ein rechter Schlussstein in das Gewölbe der Kunstbegriffe. Es ist in seiner Art ein einzig Bild, und man kann nichts mit vergleichen«; an Carl Friedrich Zelter, 16. Dezember 1817: »Alsdann wirst Du rührend finden, wenn Du durch mich aufs Genauste vernimmst, wie das Bild veranlasst, erfunden, ausgedacht, ausgearbeitet, verfertigt und als Weltwunder vollendet worden und wie es wieder alsogleich in sich selbst verfallen, vernachlässigt, beschädigt, hergestellt und durch die Herstellung selbst völlig zugrunde gerichtet worden. Ferner wird Dich freuen, wie die Mailänder durch Verehrung dieses Leichnams, durch Erhaltung und Belebung der Spur seines Andenkens sich immerfort Ehre machen«, und 31. Dezember 1817: »[...] diesem unschätzbaren Werk, der ersten kompletten malerischen Fuge, die alle vorhergehenden übertrifft und vor keiner nachfolgenden zurücktreten darf«; an Sulpiz Boisserée, 16. Januar 1818; an Luise Seidler, 11. Februar 1818. *Handschriftliche Notizen:* »Man hat mir vorgeworfen, dass ich bei Auslegung von Bildern, zum Beispiel des Abendmahls von Leonardo da Vinci, zu viel hineingetragen habe und in der Deutung zu weit gegangen sei. Ich weiß recht gut zu unterscheiden, was ich sehe, denke und sage« *(Vom Deuten der Kunstwerke,* 1820–22); »Pantomime der Hände der Italiener. Gebrauch in der Mahlerey. bes. Abendmahl« (aus Goethes Notizheft, in *Schriften der Goethe-Gesellschaft,* 58, 16). *Weitere Quellen: Johann Wolfgang Goethe zu Bildern. Insel-Almanach auf das Jahr 1982,* hrsg. von Christoph Michel und Isabella Kuhn, Frankfurt (Main) 1982; Josef Strzygowski, »Leonardos Abendmahl und Goethes Deutung«, in *Goethe-Jahrbuch,* 17, 1896; Paul Weizsäcker, »Leonardo da Vincis Abendmahl«, in *Goethe-Jahrbuch,* 19, 1898; Otto Hoerth, *Das Abendmahl des Leonardo da Vinci,* Leipzig 1907 (Widerlegung von Strzygowski und Weizsäcker in Kapitel 2); Jerôme Bessenich, »Leonardo und Goethe«, in *Das Goetheanum,* 38 und 39, 1952; Helmut Knauer, »Leonardo da Vinci und Goethe«, in *Das Goetheanum,* 22, 1970; Lavinia Mazzuchetti, *Goethe e il Cenacolo di Leonardo,* Milano 1930; Gunther Haupt, »Leonardos ›Abendmahl‹ und Goethes Deutung«, in *Goethe-Jahrbuch,* 101, 1984.

7 Bereits Gaddi hatte sich in seinem Fresko von Santa Croce (siehe Abb. 19) um eine psychologisch begründete Gestik bemüht. Abgesehen von Leonardo haben seine Nachfolger dies jedoch nicht aufgegriffen und sind sogar wieder hinter das von ihm Erreichte zurückgefallen. Erst Leonardo hat Gaddis Gesten »aus ihrer Starre erlöst« und »ihnen Leben eingehaucht« (Feddersen). Jacob Burckhardt bezog sich mit seinem begeisterten Ausruf über Leonardos Händemalerei auf dessen *Abendmahl:* »Ja, sieht man bloß auf die Hände, so ist es, als hätte alle Malerei vorher im Traum gelegen und wäre nun erst erwacht.« In *Der Cicerone. Eine Anleitung zum Genuss der Kunstwerke Italiens,* Neudruck der Urausgabe, Stuttgart 1986, S. 819.

8 Zitiert nach Lücke, S. 707, 711 und 691.

9 Rudolf Steiner, Vortrag vom 24. Januar 1917, in *Kunstgeschichte als Abbild innerer geistiger Impulse* (GA 292), Dornach [2]1981, S. 224.

10 Rudolf Steiner, Vortrag vom 27. Juni 1916, in *Weltwesen und Ichheit* (GA 169), Dornach [2]1963, S. 95.

11 Matteo Bandello lebte von 1485 bis 1562. 1526 verließ er den Dominikanerorden, ging nach Frankreich und war für fünf Jahre Bischof von Agen. Von seinen 214 Novellen wurde jene von Romeo und Julia in der Fassung Shakespeares berühmt. Auch Lope de Vega, Lord Byron und Alfred de Musset bedienten sich seiner Themen. – Die zitierte Passage (nach Goldscheider, S. 39) findet sich in der Vorrede seiner 58. Novelle.

Die Abendmahlgruppe – Komposition und Gebärde

1 Siehe Helmut Hessenbruch, »Das Geheimnis unserer Hände«, in *Die Kommenden,* 11, 1973: »Die Hände sind ja so etwas wie eine zweite Physiognomie. [...] In der Hand wird der ganze Mensch offenbar.« – Zu einer geistgemäßen Physiognomik der Hände siehe auch Norbert Glas, *Die Hände offenbaren den Menschen,* Stuttgart [3]1981; siehe ferner: Paul Bauer, *Die Sprache der Hände,* Stuttgart 1950; Franz Kiener, *Hand, Gebärde und Charakter,* Basel und München 1962. – Für eine eingehende kritische Sichtung des Themas Physiognomie und Gebärde als Ausdruck seelischer Bewegung siehe Reinhard A. Steiner, *Theorie und Wirklichkeit der Kunst bei Leonardo da Vinci,* München 1979.

2 Johann Wolfgang Goethe, »La Cena, pittura in muro di Giotto«, in *Über Kunst und Altertum,* V, 1, 1824.

3 Johann Wolfgang Goethe, »Joseph Bossi über Leonard da Vincis Abendmahl zu Mailand 1810«, in *Über Kunst und Altertum,* I, 3, 1817.

4 Bei Jakobus dem Jüngeren scheint die Bartlosigkeit nicht ganz eindeutig zu sein. Im jetzigen restaurierten Zustand könnte ein leichter Kinnbart angenommen werden aufgrund der sonst unnatürlichen Länge des Kinns. Doch ist gerade diese linke Seite des Bildes am stärksten beschädigt, sodass hier mehr als auf der rechten Seite frühe Übermalungen erhalten werden mussten. Aber auch Matthäus, jetzt wieder bartlos, war bei den Übermalungen der Vergangenheit mit einem Bart versehen worden, wovon noch ein Schatten vor dem Kinn übrig blieb (siehe Abb. 39). Für gewisse Details besteht also keine hundertprozentige Sicherheit. Der allgemeine Eindruck jedoch, auf den es hier allein ankommt, unterstützt jedenfalls die Vermutung der Bartlosigkeit Jakobus des Jüngeren.

5 Woldemar von Seidlitz, *Leonardo da Vinci,* Wien 1935.

6 Der Gedanke, dass der Apostel Johannes vom Evangelisten Johannes zu unterscheiden und dass dieser der auferweckte Lazarus sei, wurde erstmals 1900 von dem Schweizer Theologen Johannes Kreyenbühl in allerdings noch etwas unklarer Weise formuliert. Rudolf Steiner hat wenige Jahre später die Lazarus-Episode als Mysteriengeschehen (Todesschlaf und Auferweckung des Lazarus als Einweihungsvorgang) gedeutet und eine klare Identität von Lazarus, dem Lieblingsjünger Jesu und dem Evangelisten Johannes konstatiert. Noch nicht gänzlich geklärt ist die Frage der Unterscheidung zwischen dem Lieblingsjünger und dem Apostel Johannes, dem Sohn des Zebedäus und Bruder Jakobus des Älteren, in den

Evangelienberichten. Dass dieses Problem, ähnlich dem der zwei Jesusknaben, »innerhalb einer stillen Strömung« (Kurt von Wistinghausen) bereits im Mittelalter bekannt war, davon zeugt der überraschende Befund, dass sich auf einer gar nicht so geringen Anzahl von Darstellungen des Abendmahls – bis hin zu Dürer – dreizehn Jünger finden. Zu diesem Themenkomplex siehe folgende Schriften von Rudolf Steiner: *Das Christentum als mystische Tatsache und die Mysterien des Altertums* (GA 8), Dornach [9]1989; *Das Johannes-Evangelium* (GA 103), Dornach [11]1995; *Das Johannes-Evangelium im Verhältnis zu den drei anderen Evangelien* (GA 112), Dornach [7]1991; *Das Markus-Evangelium* (GA 139), Dornach [6]1985; *Kosmogonie* (GA 94), Dornach [2]2001; *Zur Geschichte und aus den Inhalten der ersten Abteilung der Esoterischen Schule 1904–1914* (GA 264), Dornach [2]1996. – Des Weiteren: Emil Bock, *Cäsaren und Apostel,* Stuttgart [7]1999; ders., *Das Evangelium. Betrachtungen zum Neuen Testament,* Stuttgart 1984; Rudolf Meyer, *Die Wiedergewinnung des Johannesevangeliums,* Stuttgart 1962; Karl König, *Die beiden Jünger Johannes,* Stuttgart 1963; Johannes Hemleben, *Johannes der Evangelist in Selbstzeugnissen und Bilddokumenten,* Reinbek 1972; Hella Krause-Zimmer, »Das Thema Johannes-Lazarus – geisteswissenschaftlich und ›historisch-kritisch‹«, in *Mitteilungen der Anthroposophischen Gesellschaft in Deutschland,* 118, 1978; dies., »Die Abendrunden in Bethanien und das Letzte Abendmahl«, in *Das Goetheanum,* 16 und 17, 1984; dies., »Das Johannesproblem: I. Lazarus und die Stunde der Martha«, in *Das Goetheanum,* 16, 1987; dies., »Das Johannesproblem: II. Lazarus und der Zwölferkreis«, in *Das Goetheanum,* 17, 1987 (die vier letztgenannten Aufsätze jetzt auch in Hella Krause-Zimmer, *Offenbare Geheimnisse der christlichen Jahresfeste,* Stuttgart 2003); Kurt von Wistinghausen, *Der verborgene Evangelist. Studien zur Johannes-Frage,* Stuttgart 1983; ders., »Welcher Johannes war der Evangelist?«, in *Das Goetheanum,* 19, 1976; ders., »Dreizehn Jünger«, in *Die Christengemeinschaft,* 3, 1984; ders., »Der geist-erfüllte Jüngerkreis«, in *Die Christengemeinschaft,* 9, 1984; Floyd V. Filson, »Wer war der Jünger, den Jesus lieb hatte?«, in *Die Christengemeinschaft,* 12, 1989; Irene Johanson, *Die drei Jünger Johannes. Stufen christlicher Entwicklung,* Stuttgart 1997.

7 Rudolf Steiner, *Das Wesen der Farben* (GA 291), Dornach [4]1991.

8 Dem meist vorherrschenden Blau für die Kleidung Christi seit dem späteren Mittelalter könnte ein wie auch immer vermittelter Rückgriff auf ältere kulturgeschichtliche Schichten zu Grunde liegen: »Das blaue Königsgewand der Ägypter hat zweifellos stark eingewirkt« (Leopold Schmidt, »Rot und Blau. Zur Symbolik eines Farbenpaares«, in *Antaios,* IV, 2, 1962).

9 Der Apostel Jakobus der Jüngere, Sohn des Alphäus und der Maria Kleophas (einer Tochter Annas aus deren zweiter Ehe mit Kleophas), also ein Vetter Jesu, wurde nach späterer Überlieferung gleichgesetzt mit Jakobus, dem ältesten der vier Brüder Jesu, welcher erst an die Sendung Jesu Christi glaubte, nachdem ihm der Auferstandene erschienen war, und der dann Vorsteher der urchristlichen Gemeinde Jerusalems wurde (siehe Emil Bock, *Cäsaren und Apostel,* Stuttgart [5]1978, S. 281ff.). Diese Gleichsetzung hatte zur Folge, dass Jakobus der Jüngere in der abendländischen Kunst physiognomisch dem Christus Jesus angeglichen wurde (besonders deutlich zum Beispiel auf der Abendmahlstafel von Dierck Bouts in St. Peter zu Löwen, 1467). Siehe dazu Manfred Krüger, *Die Verklärung auf dem Berge. Erkenntnis und Kunst,* Hildesheim 2003, S. 226.

10 Für eine Untersuchung der sich hier durch die Gebärdensprache ausweisenden Gruppendynamik siehe den anregenden Artikel von Maria Schmidt, »Konferenztechnik und Leonardos Abendmahl«, in *Das Goetheanum,* 38, 1968.

Realer und imaginärer Raum

1 Siehe S. 109.

2 Die Ausführungen zur Architektur von Leonardos *Abendmahl* stützen sich im Wesentlichen auf Naumann sowie Pedretti; vergleiche auch Steinberg; J. Polzer, »The perspective of Leonardo considered as a painter«, in *Atti del convegno internazionale di studi. La prospettiva rinascimentale, codificazioni e trasgrezioni,* Milano 1977/1980; K. H. Veltmann, *Studies on Leonardo da Vinci. Linear Perspective and the visual dimension of Science and Art,* München 1986. Die Ausführungen zur pythagoreischen Proportionierung des Bildes folgen Brachert.

3 Sämtliche genannten Beispiele befinden sich in Florenz.

4 Die Wandteppiche zeigten ursprünglich ein Blumenmuster in der Art der spätmittelalterlichen ›Tausendblumenteppiche‹. Dies ist nur noch auf frühen Kopien zu erkennen (siehe Abb. 61).

5 Leonardo scheint sich, wie der Ausblick von oben auf die Landschaft nahe legt, an Lukas 22,12 gehalten zu haben, wonach der Abendmahlraum ein »großes Obergemach« war. Die angedeuteten seitlichen Türen weiten den Raum psychologisch und geben vielleicht sogar die historische Situation wieder. In einer Vision der Nonne Anna Katharina Emmerich über das »Letzte Ostermahl« heißt es: »Jesus und die Seinigen aßen das Osterlamm im Cönaculum in drei getrennten Genossenschaften von Zwölfen, deren jeder einer als Hausvater vorstand. Jesus aß es mit den zwölf Aposteln im Saale des Cönaculums. Getrennt *in den Seitenhallen* aß es Nathanael mit zwölf alten Jüngern, und eben so mit zwölf andern Eliachim, ein Sohn des Kleophas und der Maria Heli und Bruder der Maria Kleophä; er war ein Jünger Johannes des Täufers.« In *Das bittere Leiden unseres Herrn Jesu Christi. Nach den Betrachtungen der gottseligen Anna Katharina Emmerich, nebst dem Lebensumriss dieser Begnadigten,* herausgegeben von Clemens Brentano, Stuttgart 1875.

6 Jean Gebser, *Ursprung und Gegenwart,* Stuttgart 1966, Kapitel 2.

Bedeutungselemente in Leonardos Bildkomposition

1 Heinrich Theissing, *Die Zeit im Bild,* Darmstadt 1987.

2 »Beinah wie ein Moses, der das Meer teilt, scheint Jesus die Jüngergruppen auseinander zu schieben, so als solle keiner es wagen, ihn zu berühren. Im Abstand zu ihm der Aufruhr der Köpfe und Arme, wie Wellen um ein Kraftzentrum« (Brigitte Monstadt, *Judas beim Abendmahl,* München 1995, S. 252).

3 Emil Bock, »Die Landschaft und das Abendmahl«, in *Die Christengemeinschaft,* 6, 1947.

4 Hierauf hat bereits Friedrich Doldinger hingewiesen. Siehe »Vom Wesen der Erde«, in *Gäa-Sophia,* 1, 1926.

5 Die Interpretation des Bildthemas auch als Einsetzung der Eucharistie findet sich in der kunsthistorischen Forschung erstmals bei Jacob Burckhardt im *Cicerone*, dann bei J. B. Antoniewicz, »Das Abendmahl Lionardos«, in *Anzeiger der Akademie der Wissenschaften in Krakau,* Krakau 1904. Ohne diesen zu nennen oder zu kennen, wird das Thema von Herbert von Einem 1961 wieder aufgegriffen und von Karl Th. Schäfer 1965 weiterverfolgt. Siehe auch die Ausführungen hierzu bei Steinberg. Doch hat bereits Elisa von der Recke in ihrem Reisetagebuch am 3. Juli 1806 über das Bild notiert: »Es ist die berühmte Einsetzung der Abendmahlfeier« (siehe S. 98).

6 Zur Qualität der Zeit in Leonardos *Abendmahl* siehe Heinrich Theissing, *Die Zeit im Bild,* Darmstadt 1987; Georg Simmel (siehe S. 115ff.). – Man kann hier die Frage nach der Natur dieses dem Judas exklusiv gereichten ›Bissens‹ aufwerfen: Handelt es sich, wie oft vermutet wird, um das in Sauce getunkte Bitterkraut, welches vor dem eigentlichen Mahl eingenommen wird? Oder ist es einfach ein Bestandteil des eigentlichen Pessach-Mahles, ein Stück Lammfleisch also? Jedenfalls steht diese vorweggenommene Abspeisung des Judas in einer auffallenden Polarität zu dem auf Judas' Abgang folgenden eigentlichen ›Abendmahl‹, der eucharistischen Speisung der Jünger mit dem verwandelten Brot und Wein durch Christus. George Steiner spricht in diesem Zusammenhang von einem »Anti-Sakrament«, einer »antinomischen Eucharistie der Verdammung«. Siehe Geoge Steiner, »Zwei Nachtmahle«, in *Der Garten des Archimedes. Essays,* München 1997.

7 Rudolf Steiner, Vortrag vom 24. Juni 1924, in *Eurythmie als sichtbare Sprache* (GA 279), Dornach [4]1979, S. 52: Das *a* ist »der Mensch in seiner höchsten, idealsten Entfaltung«; und ebenda, S. 79: »Das *a*-Erlebnis erlebt eben den Menschen aus dem Kosmos heraus.«

8 Hermann Strehle, *Mienen, Gesten und Gebärden,* München und Basel 1954.

9 Ebenda. Siehe auch *Beredte Hände. Die Bedeutung von Gesten in der Kunst des 16. Jahrhunderts bis zur Gegenwart,* Ausst.-Kat., Salzburg 2004.

10 Manfred Lurker, »Die Symbolbedeutung von Rechts und Links und ihr Niederschlag in der abendländisch-christlichen Kunst«, in *Symbolon,* 5, 1980: »Die rechte Hand ist die himmelbezogene und damit die überlegene, die aktive, die herrschende; die linke ist die passive, die untertane. Wenn es im Hohen Lied (2,6) vom Bräutigam heißt: ›Seine Linke liegt unter meinem Haupt und seine Rechte umfängt mich‹, dann ist die unter dem Haupt liegende Hand die *unterlegene,* die umfangende aber Ausdruck der Macht (potentia) und des Schutzes (protectio). In der mittelalterlich-theologischen Literatur wird der Bräutigam mit Christus identifiziert, und die beiden Hände werden zum Bild seiner gott-menschlichen Natur; seine rechte (obere) entspricht der divinitas, seine linke (untere) der humanitas.« – Auch in der modernen Literatur und Kunst hat diese Symbolik noch ihre Gültigkeit behalten. So könnte man Gustav Klimts berühmtes Gemälde *Der Kuss* geradezu als Illustration zur oben zitierten Stelle im Hohen Lied betrachten. Auch Ernst Jünger bezeichnet die rechte Hand als »Königin«, die linke als »Dienerin« (»Sprache und Körperform«, in *Werke,* Band 8, Stuttgart ohne Jahr). Siehe auch Jean Gebser, *Ursprung und Gegenwart,* Stuttgart 1966, Kapitel 7.

11 In der buddhistischen wie hinduistischen indischen Kunst sind Mudras symbolische Handgesten mit spezifischer Aussage. Siehe Hans Wolfgang Schumann, *Buddhistische Bilderwelt,* München [2]1993; Tyra de Kleen, *Mudras,* London 1924; Jeannine Auboyer, »Mudra et hasta ou le language par geste«, in *Oriental Art,* 3, London 1950–1951. – Man könnte die Gebärde Christi tatsächlich als verwandelte Buddha-Mudra interpretieren. In der Bhumisparsa-Mudra des Buddha, in welcher dieser am häufigsten dargestellt wird, hält der Buddha in der so genannten Erdberührungsgeste die rechte Hand nach unten mit nach innen gewendeter Handfläche, die Linke ruht dagegen in der so genannten Mußegeste mit nach oben geöffneter Handfläche im Schoß. Beim Christus in Leonardos *Abendmahl* hat diese Mudra unter Beibehaltung der Ausrichtung der Handflächen eine tief greifende Metamorphose erfahren und ist mit neuem Sinn, nämlich dem hier angesprochenen christlichen Gehalt, erfüllt worden.

12 Siehe hierzu auch Steinberg, S. 397, Anmerkung 8.

13 Es scheinen allerdings sämtliche Finger aller dargestellten Personen etwas überlang zu sein, wie auch Leonardo auf manchen seiner Gemälde die Pupillen der dargestellten Personen zum Zwecke der Ausdruckssteigerung etwas vergrößert hat.

14 Bernhard von Clairvaux, *De laudibus Virginis matris,* zitiert nach Steinberg [ins Deutsche übersetzt durch den Autor], S. 389, Anmerkung 47: »Thomas, zunächst an der Wahrheit zweifelnd und sie dann durch seine Berührung bezeugend, wurde so zum sichersten Zeugen der Auferstehung.«

15 Auf dem Originalgemälde nicht mehr erkennbar, jedoch auf Kopien und Stichen (siehe S. 87). Ursprünglich dachte Leonardo, wie aus seinen Notizen hervorgeht, sogar daran, Judas (nur er konnte gemeint sein) ein Weinglas umstoßen zu lassen. Diese Idee verwarf er dann wohl als zu vordergründig zugunsten des Salzfasses. Dass sich genau vor seinem Ellenbogen ein wie von ihm weggestoßenes Brot befindet, könnte nach Steinberg aber auf die Zurückweisung der Eucharistie und somit auf die Gegnerschaft zu Christus hinweisen.

16 Matthäus 5,13; Markus 9,50; Lukas 14,34–35; siehe ferner Rudolf Steiner, Vortrag vom 12. Oktober 1911, in *Von Jesus zu Christus* (GA 131), Dornach [7]1988, und vom 20. März 1917, in *Bausteine zu einer Erkenntnis des Mysteriums von Golgatha* (GA 175), Dornach [3]1996.

17 Friedrich Rittelmeyer, *Meditation. Zwölf Briefe über Selbsterziehung,* Stuttgart [13]1997, S. 72.

18 Hierauf hat bereits Feddersen hingewiesen, jedoch ohne Verbindung mit der spezifischen Mittelstellung in der Gesichtsdarstellung.

19 Rudolf Steiner, »Lionardos geistige Größe am Wendepunkt zur neueren Zeit«, in *Ergebnisse der Geistesforschung* (GA 62), Dornach 1960, S. 366f. – Vielleicht wirkte bei Leonardo auch eine der neuplatonischen Lichtmystik vergleichbare Vorstellung (eine äußere Beeinflussung ist eher unwahrscheinlich) mit, wonach das Licht die immateriellste Emanation (Ausfließung) Gottes ist.

20 Hermann Beckh, *Der kosmische Rhythmus im Johannes-Evangelium,* Basel 1930, S. 365.

21 Rudolf Steiner, Vortrag vom 7. November 1911, in *Die Evolution vom Gesichtspunkte des Wahrhaftigen* (GA 132), Dornach [3]1958, S. 41.

22 Rudolf Steiner, Vortrag vom 24. Januar 1917, in *Kunstgeschichte als Abbild innerer geistiger Impulse* (GA 292), Dornach [2]1981, S. 224.

23 Rudolf Steiner, Vortrag vom 25. Dezember 1921, in *Nordische und mitteleuropäische Geistimpulse* (GA 209), Dornach [2]1982, S. 152.

24 Rudolf Steiner, Vortrag vom 14. November 1911, in *Die Evolution vom Gesichtspunkte des Wahrhaftigen* (GA 132), Dornach [3]1958, S. 59.

Irdische Gemeinschaft und kosmisches Urbild

1 Rudolf Steiner, Vortrag vom 15. Mai 1910, in *Das Ereignis der Christus-Erscheinung in der ätherischen Welt* (GA 118), Dornach [2]1977, S. 173.

2 Rudolf Steiner, Vortrag vom 21. September 1912, in *Das Markus-Evangelium* (GA 139), Dornach [4]1960, S. 130.

3 Hippolytus, *Resutatio*, 6, 53.

4 Das In-Beziehung-Setzen von Aposteln und Tierkreis *allgemein* findet sich erstmals in einer Bemerkung des Clemens von Alexandrien über den Gnostiker Theodoret: »Die Apostel sind bei ihm durch die zwölf Zeichen des Tierkreises ersetzt worden« *(Except.* 25,2). Eine frühchristliche Tonlampe in Genf zeigt um die zentrale Öffnung für die Flamme (= Christus als Sonne) die Köpfe der zwölf Apostel. Ein mittelalterlicher Reliquienkasten aus Elfenbein im Quedlinburger Domschatz trägt an den Seitenwänden die Darstellungen der (unbezeichneten) Apostel mit den Tierkreiszeichen darüber; ebenso ein Elfenbeinreliquiar im Bayerischen Nationalmuseum, München. An der Frontseite steht Christus zwischen Krebs und Löwe, also als Sonne in ihrer höchsten Kraft im Sommersolstitium. Konkrete Einzelzuordnungen finden sich in der Literatur des Mittelalters, so in der *Rota ecclesiastica,* einer Handschrift aus der ersten Hälfte des 12. Jahrhunderts, bei dem katalanischen Universalgelehrten Arnold von Villanova im 13. Jahrhundert, dann bei Agrippa von Nettesheim um 1500; ferner bei dem Augsburger Rechtsgelehrten Julius Schiller im 17. Jahrhundert – jeweils in verschiedener Zuordnung sowie Zusammensetzung des Zwölferkreises (Judas, Paulus, Matthias). – Siehe Wolfgang Hübner, *Zodiacus Christianus,* Königstein/Taunus 1983; Jean Daniélou, *Les Apôtres et le zodiaque,* Paris 1963; Hans Georg Gundel, *Zodiakos. Tierkreisbilder im Altertum,* Mainz 1992; ferner: *Lexikon der Astrologie,* Freiburg im Breisgau 1981 und Horst E. Miers, *Lexikon des Geheimwissens,* Freiburg im Breisgau 1970 (beide mit weiteren Zuordnungen). Anders als bei den genannten mittelalterlichen unbegründeten und beliebigen Zuordnungen findet sich ein neuerer, wesentlich überzeugenderer »Versuch, veranlasst durch die natürliche Empfindung, Thomas dem Sternbild der Zwillinge (heißt er doch der ›Zwilling‹ im Evangelium) und Judas dem Skorpion zuzuordnen«, bei Eduard Lenz (1901–1945), *Betrachtungen über das Matthäusevangelium,* Stuttgart 1990. Die Reihenfolge der Apostel entspricht hier im Übrigen der Apostelliste nach Matthäus 10,2–4; in diesem Sinne auch Cordelia Böttcher, »Der Kreis der 12 Apostel«, in *Die Christengemeinschaft,* 12, 1992.

Die Anwendung der Tierkreis-Apostel-Verknüpfung auf Leonardo da Vincis *Abendmahl* findet sich erst im 20. Jahrhundert, zuerst wohl bei Ernst Uehli, *Zwischen Sphinx und Gral,*

Stuttgart 1922: »Der Tierkreis [...] hat in den zwölf Jüngern eine menschlich-historische Vertretung im Raum gefunden. Jeder dieser Jünger steht für eine einzelne Tierkreisgestalt. Unter ihnen nimmt der Verräter Judas Ischariot die Stelle des Skorpions ein. [...] Der Abendmahlskreis ist der vermenschlichte Tierkreis.« Eine weitere Einzelzuordnung erfolgt nicht. Später hat sich Uehli von dieser Auffassung gewissermaßen distanziert (siehe Anmerkung 5).

Bei Wilhelm Ruhtenberg, »Von den zwölf Aposteln und ihrer Zugehörigkeit zum Tierkreis«, in *Die Drei,* 1927/28, S. 684ff., taucht erstmals die Gesamtzuordnung von Tierkreis und allen Aposteln auf, und zwar in der Orientierung von links nach rechts, also vom Widder (Bartholomäus) bis zu den Fischen (Simon). Dabei ordnet Ruhtenberg jedoch Jakobus den Älteren vor Thomas ein, berücksichtigt hier also die eigentliche Sitzordnung, nicht aber links, wo die Reihenfolge der Köpfe gilt. Jakobus der Ältere entspricht bei ihm also der Waage, Thomas dem Skorpion. Dieses Schema (ohne die Variante) wird wieder aufgegriffen von Edward Soie, »Das Letzte Abendmahl von Leonardo da Vinci«, in *Das Goetheanum,* 22, 1970, und erneut von Erwin Horstmann, »Leonardos Abendmahl und der Tierkreis«, in *Das Goetheanum,* 27, 1985.

Eine andere Zuordnung erfolgt bei Dr. Helena S. E. Burgers, »Das Abendmahl von Leonardo da Vinci«, in *Zenit,* Januar 1933 (Matthäus und Simon sind hier ausgetauscht); dies ausführlicher ausgearbeitet in dies., *Leonardo da Vincis psychologie der twaalf typen,* Amsterdam 1963. Auf dieses System verweist noch Thomas Ring *(Genius und Dämon,* Freiburg im Breisgau 1980).

Die Projektion der Tierkreisordnung auf Leonardos Bild von rechts nach links, also vom Widder (Simon) bis zu den Fischen (Bartholomäus), hat erstmals Johannes Kühn *(Die Darstellung des Abendmahls im Wandel der Zeiten,* Schaffhausen 1948) vorgenommen. Diese Zuordnung wurde in der Folge die am weitesten verbreitete; sie wurde übernommen von Alfons Rosenberg *(Zeichen am Himmel,* Zürich 1949 und München ²1984, ausführlicher in *Flugblätter für Freunde,* 56, Zürich 1971), Herbert Hennig (»Judas und die Auferstehung«, in *Das Goetheanum,* 15, 1950), Ernst Wepfer (»Isis und Sphinx«, in *Das Goetheanum,* 2, 1964), Fred Poeppig, *(Das Markusevangelium,* Freiburg im Breisgau 1967, S. 165ff.), Nikolaus von Sementowsky-Kurilo *(Astrologie. Schicksal im Sternspiegel,* Zürich 1966 und Freiburg im Breisgau ²1979), Wilhelm Knappich *(Geschichte der Astrologie,* Frankfurt am Main 1967 und ²1988), Heinrich Eppinger *(Das Geheimnis der Zwölf und die Bedeutung des Dreizehnten,* Freiburg im Breisgau 1970), Arthur Schult, *(Astrosophie,* Band 2, Bietigheim 1971), Franco Berdini *(Magia e Astrologia nel Cenacolo di Leonardo,* Rom 1982), Erich von Beckerath *(Geheimsprache der Bilder,* Wien 1984), Eberhard Bergmann (»Leonardos Abendmahl und der Tierkreis«, in *Das Goetheanum,* 45, 1985), Willi Finkenrath *(Das Zeugnis des Wortes. Das Abendmahl des Lionardo da Vinci,* Wuppertal 2003; Kurzfassung: »Das Abendmahl des Lionardo«, in *Novalis,* 4, 1998); ferner Bernd Zabkas Website www.siderische-astrologie.com. – Ein wiederum anderes System findet sich bei Horst Lozynski *(Enthüllte Geheimnisse vom Abendmahl des Leonardo da Vinci,* 2 Bände, Überlingen 1987). Seine Zuordnung erfolgt gemäß der Trigone des Tierkreises, die wiederum den Elementen und Temperamenten entsprechen; die Temperamente sitzen demnach, damit auch alles seine Ordnung hat, zu je dreien beisammen.

Dem Verfasser sind weitere in Umlauf befindliche Zuordnungen bekannt. Da diese jedoch bislang lediglich in Form von Vorträgen oder als private Vervielfältigungen verbreitet werden, können sie hier nicht berücksichtigt werden. Nicht zugänglich war: D. R. Barker, »Verborgene Aspekte in Leonardo da Vincis Abendmahl«, in *Ars astrologica* (ohne Ort und Jahrgang).

Die Stellung Leonardos zur Astrologie ist umstritten. Die Gegner verweisen auf seine erklärte Abneigung gegen die ›Nekromantie‹, die Befürworter führen seine angebliche Freundschaft mit dem Schweizer Astrologen Konrad Fürst ins Feld. Wer sich etwas eingehender mit Leben und Werk Leonardos beschäftigt hat, dem erscheint es in hohem Maße unwahrscheinlich, ja ausgeschlossen, dass sich der Erz-Empiriker Leonardo eines vorgegebenen, ›unbewiesenen‹, ihn einengenden Schemas bedient habe zur Komposition seines ehrgeizigsten malerischen Projektes. Jedenfalls finden sich keinerlei diesbezügliche astrologische Aufzeichnungen in dem umfangreichen erhaltenen Corpus seiner Schriften und Notizen. So musste eben gefälscht werden. Dies tat Johannes Kühn (siehe oben), indem er eine Notiz Leonardos, in der dieser 15 (!) seiner anatomischen Zeichnungen (!) in einer etwas frei-assoziativen, wortspielerischen Weise als »Mikrokosmos« bezeichnete und mit den verschiedenen Weltgegenden in der Kosmografie (eigentlich Geografie) des Ptolemaios verglich (siehe zum Beispiel Chastel, S. 319), dahingehend verfälschte, dass er aus den von Leonardo genannten »15 ganzen Figuren« deren 12 machte und suggerierte, Leonardo habe damit die Apostel des *Abendmahls* in ihrer Entsprechung zu kosmischen Figuren, also Tierkreisbildern, gemeint. Dieses so präparierte ›Zitat‹ war nun als ›locus classicus‹ der Freibrief für das ›Entschlüsseln‹ der von Leonardo in die Apostel angeblich absichtsvoll hineingelegten Tierkreisordnung für Kühn und seine zahlreichen Nachfolger, welche diese Stelle ungeprüft abschrieben und so zu ihrer virusartigen Verbreitung beitrugen (darunter auch Rosenberg 1971; zuletzt noch, gewissermaßen zum 50-jährigen Jubiläum, als Vorspann zum Artikel von Willi Finkenrath in *Novalis,* 4, 1998, siehe oben). Ob dieser nun aber den Tierkreis von links nach rechts oder von rechts nach links oder nach den Trigonen organisiert hat, ob die Reihenfolge der Köpfe oder die Sitzordnung zu berücksichtigen ist oder mal so, mal anders, das ist nun der (müßige) Streit der Meinungen. Irgendeine auch nur halbwegs ernst zu nehmende Methodik ist jedenfalls bei all diesen Versuchen nicht zu erkennen (auch wenn wie bei Rosenberg 1971 und vor allem bei Schult ein gewisses Niveau der teilweise doch anregenden Abhandlungen nicht geleugnet werden soll). Meist greift man auf die mittelalterliche Entsprechungslehre von Körperregionen und Tierkreis zurück, wie sie in den so genannten Aderlassmännchen illustriert ist, am schönsten und wohl bekanntesten aber in einer ganzseitigen Miniatur im Stundenbuch des Herzogs von Berry vorliegt. Anthroposophische Autoren können sich auf Rudolf Steiners Wiederaufgreifen dieser Lehre berufen (der sich jedoch gehütet hat, sie auf das Bild Leonardos anzuwenden). Siehe dazu Rudolf Steiner, Vortrag vom 9. September 1908, in *Ägyptische Mythen und Mysterien* (GA 106); Vorträge vom 7. und 8. Juni 1912, in *Der Mensch im Lichte von Okkultismus, Theosophie und Philosophie* (GA 137); Vortrag vom 28. August 1916, in *Das Rätsel des Menschen* (GA 170); siehe auch Margarete Kirchner-Bockholt, *Grundelemente der Heileurythmie,* Dornach 1962.

Den Widder, der dem Kopf entspricht, findet man demgemäß bei Simon ganz rechts wieder, die Fische, den Füßen zugeordnet, ganz links bei Bartholomäus. Oder umgekehrt findet man gerade bei Bartholomäus den Kopf betont, bei Simon (Fische) sind dann eben die Hände statt der Füße signifikant. Bei allen dazwischen befindlichen Aposteln kommen die Autoren in der Regel in große Bedrängnis mangels Evidenz. Daher bedient man sich zur Interpretation eben des allgemeinen Eindrucks der Körperhaltung (etwa das ›Widderhafte‹ des Bartholomäus) oder Geste oder irgendwelcher, oft auch psychologisch eingefärbter, freier Assoziationen. Jeder Interpret findet so für seine Zuordnung jeweils die ›überzeugendsten‹ Argumente. Es fehlt bei diesem Reigen der Beliebigkeiten oft nicht an unfreiwilliger Komik. (Etwa wenn ein Autor über Judas schreibt: »Die Linke greift begehrend in die Richtung des Christus, Judas vertritt die Sexualimpulse des Skorpion.«) Resümierend kann festgehalten werden, dass es sich hier um ein haltloses Spiel der Willkür und Beliebigkeit handelt von Autoren, die sich zu Sklaven ihres präsumtiven Schemas gemacht haben. Leonardos großes Kunstwerk aber ist viel zu erhaben und frei, um sich in eine geist- und kunstferne Schablone pressen zu lassen.

5 Mit gutem Grund sind von zwei anthroposophischen Autoren derartige naiv-schematische, sich für geisteswissenschaftliche Erkenntnis ausgebende Versuche zurückgewiesen worden: »Es soll in keiner Weise in Abrede gestellt werden, dass beim Abendmahl insbesondere ein irdisches Bild dessen vorliegt, was im Kosmos die Sonne im Verhältnis zum zwölffachen Tierkreis darstellt. In der Komposition der ursprünglich kreisförmig angeordneten Darstellungen des Abendmahls findet sich diese kosmische Beziehung angedeutet. So könnte auch der Versuch eines Nachweises, dass Leonardos Abendmahl eine Sitzordnung der Jünger nach der Tierkreisfolge im Kosmos aufweise, nur dann als gesichertes Phänomen gelten, wenn er sich aus der künstlerischen Anschauung ergeben würde. [...] Gerade an dieser wichtigsten Jüngergruppe [Petrus, Judas, Johannes] wird ersichtlich, dass eine Tradition, die Jünger nach der Tierkreisordnung zu setzen, nicht bestanden hat. Leonardo müsste als Erster bei seinem Werke diese Anordnung getroffen haben, doch findet sich weder in seinen Aufzeichnungen noch in den vorbereitenden Skizzen die geringste Andeutung hierfür. [...] Leonardo [...] ist bei der Darstellung der Jünger augenscheinlich davon ausgegangen, die zwölf Jünger als zwölf verschiedene Typen des Menschenwesens darzustellen, die in der ganzen Menschheit verteilt vorhanden sind und gefunden werden können. Daher suchte er die einzelnen charakteristischen Züge und Eigenschaften unter den Menschen herauszufinden, bis sich ihm das Bild eines bestimmten Jüngers ergab, das er in seinem Innern von ihm trug. Dabei steht gewiss außer Frage, dass Leonardo bei seiner Universalität umfassende Erkenntnisse besessen hat von dem Zusammenhang des Menschen mit der Sternenwelt. Aber gerade er war, neben Pico della Mirandola, einer der großen bahnbrechenden Pioniere, die alten, traditionellen astrologischen Anschauungen zu ersetzen durch Sinnesbeobachtung und Sinneserfahrung« (Ernst Uehli, *Leonardo, Michelangelo, Raffael,* Dornach 1967). »Leonardo folgt einem kosmischen Weltgesetz, indem er das Abendmahl Christi so gestaltet, dass zwölf Jünger um die Mitte eines Dreizehnten in diesen Gliederungen [vier Gruppen zu je drei Jüngern] versammelt sind. Nur ahnen lässt sich ein letzter Zusammenhang dieser

Zwölfheit mit dem gewaltigen Kranz der Sternbilder, die wie zwölf heilige Zeichen am Himmel stehen« (Hans Feddersen).

6 Einen theoretischen Widerhalt für seine empirischen Beobachtungen zur Gebärdensprache fand Leonardo möglicherweise in der antiken Literatur. Der in der Renaissancezeit wieder entdeckte römische Rhetor Quintilian (1. Jahrhundert nach Christus) etwa listet folgende rhetorische Gesten der Hände auf: »Wir fordern, versprechen, beschwören, lassen dahinfahren, drohen, verwünschen, zeigen Furcht, fragen, verneinen; wir tragen Freude, Trauer und Zweifel zur Schau, legen ein Bekenntnis ab, geben uns bußfertig, zeigen das Maß und die Fülle, die Zahl und die Zeit« *(Institutio oratoria).*

7 Max von Boehn, *Der Tanz,* Berlin 1925. – Siehe ferner Hermann Strehle, *Mienen, Gesten und Gebärden,* München und Basel 1954; Bernhard Kötting, »Geste und Gebärde«, in *Reallexikon für Antike und Christentum,* Band 10, Stuttgart 1994. – Auch im christlichen Bereich spielte der sakrale Tanz einst eine nicht zu unterschätzende Rolle. Nach einer frühchristlichen apokryphen Schrift, den Johannes-Akten (siehe Edgar Hennecke und Wilhelm Schneemelcher, *Neutestamentliche Apokryphen,* Tübingen [5]1989), hat sogar Jesus selbst während des Abendmahls eine Art sakralen Tanzes mit den Aposteln vollführt: »›Bevor ich jenen preisgegeben werde, wollen wir dem Vater lobsingen und dann hinausgehen zu dem, was bevorsteht.‹ Er befahl uns nun, einen Kreis zu bilden, indem wir einander bei den Händen hielten, trat selber in die Mitte und sagte: ›Respondiert mir mit Amen!‹ Er begann also einen Hymnus zu singen und zu sagen: ›Ehre sei dir, Vater!‹ Und wir bildeten einen Kreis und respondierten ihm mit Amen. ›Ehre sei dir, Logos‹ [...] ›Flöten will ich, tanzet alle.‹ – ›Amen.‹ [...] ›Die zwölfte Zahl tanzt in der Höhe.‹ – ›Amen.‹ ›Dem All kommt es zu, in der Höhe zu tanzen.‹ – ›Amen.‹ ›Wer nicht tanzt, erkennt nicht, was sich begibt.‹ – ›Amen.‹« et cetera. Dieses auch als ›Jesushymne‹ bekannte literarische Zeugnis hatte offenbar eine reale Parallele in den Kultgebräuchen des frühen Christentums: »Die ›Jesushymne‹, zuweilen als das früheste christliche Ritual bezeichnet und angeblich aus dem zweiten Jahrhundert stammend, ist nichts weiter als ein heiliger Tanz. Im dritten Jahrhundert stellte Eusebius fest, dass Philos Beschreibung des Gottesdienstes bei den Therapeuten in allen Punkten mit den christlichen Gebräuchen übereinstimmte; das bedeutet ein Vorwiegen des Tanzes, worauf übrigens Eusebius bei Besprechung des christlichen Gottesdienstes häufig hinweist. Man hat vermutet, dass die christliche Kirche ursprünglich ein Theater war, mit dem Chor als erhöhte Bühne; und es ist sogar behauptet worden, das Wort ›Chor‹ bedeute einen abgeschlossenen Raum zum Tanzen. *Sicher ist, dass beim Abendmahl die Gläubigen mit den Händen gestikulierten, mit den Füßen tanzten und den Körper heftig bewegten.* Chrysostomus, der dieses Verhalten am Tisch des Herrn in Antiochia schildert, erhob Einwände nur gegen Exzesse Trunkener, die zuweilen dabei vorkamen; den Brauch selbst betrachtete er offenbar als hergebracht und ganz in der Ordnung« (Havelock Ellis, *Der Tanz des Lebens,* Leipzig 1928); siehe hierzu ferner Max Pulver, »Jesu Reigen und Kreuzigung nach den Johannes-Akten«, in *Eranos-Jahrbuch,* IX, 1942; Gerardus van der Leeuw, *Vom Heiligen in der Kunst,* Gütersloh 1957; Louis Gougaud, »La danse dans les églises«, in *Revue d'Histoire ecclésiastique,* 15, 1914; Theodorus P. van Baaren, *Selbst die Götter tanzen,* Gütersloh 1964.

8 Fritz Thomas-Gottesberg, »Der Tanz – Sprache des Geistes durch den Leib des Menschen. Eine bewusstseinsgeschichtliche Studie«, in *Die Kommenden,* 21 und 22, 1978. Zum geistigen Ursprung des Tanzes (und notabene: der Gesten und Gebärden) und seinem Urbild im Göttertanz siehe Ananda Coomaraswami, *The dance of Shiva,* New York 1924; *Les danses sacrées (Sources Orientales),* Paris 1963, sowie van Baaren, a.a.O.

9 Rudolf Steiner, Vortrag vom 7. Juli 1924, in *Eurythmie als sichtbare Sprache* (GA 279), Dornach [4]1979, S. 189.

10 Genauer ausgedrückt handelt es sich hier um schöpferische Bildegesten, Logos-Kräfte, die die Welt und den Menschen geschaffen und gestaltet haben. Rudolf Steiner hat diese übersinnlichen ätherischen Bildegesten geschaut.

11 Siehe Rudolf Steiner, Vortrag vom 30. Dezember 1910, in *Okkulte Geschichte* (GA 126), Dornach [2]1992.

12 Briefliche Mitteilung von Renate Müller-Weymar, München. – Gedankt sei an dieser Stelle auch Dr. Volker Bergengrün, Bad Liebenzell, für anregende Gespräche über dieses Thema. Es war mir jedoch nicht möglich, seine nach eigener Aussage aus Eurythmiegesten und Tierkreisstimmungen geschöpfte Zuordnung *aller* Apostel zum *gesamten* Tierkreis zu übernehmen. Immerhin stimmt seine unabhängig gewonnene Zuordnung bei fünf Gestalten (Johannes, Judas, Petrus, Andreas, Jakobus der Jüngere) mit der hier vorgestellten überein.

13 Rudolf Steiner, Vortrag vom 7. Juli 1924, in *Eurythmie als sichtbare Sprache* (GA 279), Dornach [4]1979, S. 172.

14 Rudolf Steiner, Vortrag vom 1. April 1907, in *Ursprungsimpulse der Geisteswissenschaft* (GA 96), Dornach 1974, S. 290; siehe auch den Vortrag vom 13. Februar 1906, in *Das christliche Mysterium* (GA 97), Dornach [3]1998.

15 Ernst Wolfram, *Das Geheimnis von Till Eulenspiegels Leben,* Leipzig 1913.

16 Christian Morgenstern, »Krischna-Stimmung«, in *Werke und Briefe,* Band 2: *Lyrik 1906–1914,* Stuttgart 1992.

17 Rudolf Steiner, »Lionardos geistige Größe am Wendepunkt zur neueren Zeit«, Vortrag vom 13. Februar 1913, in *Ergebnisse der Geistesforschung* (GA 62), Dornach 1960, S. 375.

18 Ebenda, S. 361.

19 Ebenda, S. 374f.

20 Rudolf Steiner, Vortrag vom 12. März 1913, *Okkulte Untersuchungen über das Leben zwischen Tod und neuer Geburt* (GA 140), Dornach [4]1969, S. 284f.

Anhang

1 Johann Wolfgang Goethe, »Das Relief von Phigalia«, Erstveröffentlichung in *Goethe-Jahrbuch 1898,* hrsg. von Otto Harnack.

2 Johann Wolfgang Goethe, Brief an Sulpice Boisserée, 16. Januar 1818.

3 Georg Eichholz, *Das Abendmahl Leonardo da Vincis,* München 1998.

4 Sigmund Freud, Kurt Robert Eissler (siehe S. 103); Michael Thomas, »Leonardo. Das ›Abendmahl‹ ein Lebensbild des Künstlers?«, in *Zeitschrift für Praktische Psychologie,* 1971.

5 Frank Zöllner, *Leonardo da Vinci. 1452–1519. Gemälde und Zeichnungen,* Köln 2003.

6 »Sehen Sie dort an der Wand das Bild: Das ›Abendmahl‹ von Leonardo da Vinci! Dort ist auf Menschen übertragen, was ich vorhin in Bezug auf Magnete sowohl wie auf die Erziehung durch die Seele sagen wollte. Bei jedem Jünger des ›Abendmahls‹ ist die Mission, die seine Seele hat, in symbolischer Hand- und Fingerstellung angedeutet; bei allen ist die rechte Hand in Tätigkeit, ob sie sich nun auf den Tisch stützt, dessen Kante in sechzehn Teile geteilt ist, was die sechzehn Buchstaben des alten römischen Alphabets bedeuten könnte, oder ob sie verbunden ist mit der linken Hand. Bei Judas Ischarioth allein agiert die Linke und die Rechte ist geschlossen! – Johannes der Evangelist, von dem Jesus sagte, er werde bleiben, weshalb unter den Jüngern die Rede ging, er werde nicht sterben, hat beide Hände gefaltet, das heißt er ist ein Magnet, der keiner mehr ist; er ist ein Ring in der Ewigkeit; er ist kein Wanderer mehr.«

7 So meint der Autor eines neu erschienenen Buchs über Leonardo verschiedene Werke des Künstlers einzelnen Planeten zuordnen zu können, projiziert auf die Abbildung der *Felsgrottenmadonna* Ohrmuscheln und Schneckenhäuser, interpretiert jedoch zum Beispiel die Flügel des Engels dort als einen großen Vogel, der dieser Person auf dem Rücken hockt. Siehe Willi Finkenrath, *Das Zeugnis des Wortes. Das Abendmahl des Lionardo da Vinci,* Wuppertal 2003.

8 Siehe Kapitel »Irdische Gemeinschaft und kosmisches Urbild«, Anmerkung 4.

9 Horst Lozynski, *Enthüllte Geheimnisse vom Abendmahl des Leonardo da Vinci,* 2 Bände, Überlingen 1987 (siehe auch S. 130).

10 Frimut Husemann, »Zur Betrachtung von Leonardos Abendmahl«, in *Das Goetheanum,* 14, 1985 und 13/14, 1986.

11 Piero Onori, »Perfekter Energiefluss«, in *Basler Magazin* vom 10. April 1993.

12 »In der oberen Bildhälfte hat sich eine neue Gemeinschaft um Christus versammelt. Liebende Menschen, die guten Willens sind, befragen ihr Schicksal: Novalis, rechts von Christus von uns gesehen; die anderen sind mit der Malerin eng befreundete Menschen auf ihrem Lebensweg. Die Matthäusgestalt ist von Leonardo übernommen. Matthäus steht im aufgerichteten Schenkel der Goldenen-Schnitt-Konstruktion. An dieser Stelle ist das Alte zu Ende, das Neue beginnt, wie es die Gebärde des Matthäus zeigt. Der Radius hat sich um eine beträchtliche Strecke nach außen vergrößert. Diese außerordentlich starke Gestik von Matthäus, der mit beiden Händen auf Christus in die eine Richtung zeigt, aber mit dem Kopf sich in die Gegenrichtung wendet, als wollte er sagen: ›Seht die Zukunft, das ist die neue Mitte, da ist Christus‹« (Rosalinde Weber-Hohengrund).

13 Rudolf Steiner, Vortrag vom 12. März 1913, in *Okkulte Untersuchungen über das Leben zwischen Tod und neuer Geburt* (GA 140), Dornach ²1970, S. 285f.

14 Rudolf Steiner, »Lionardos geistige Größe am Wendepunkt zur neueren Zeit«, in *Ergebnisse der Geistesforschung* (GA 62), Dornach 1960, S. 357.

15 Giorgio Vasari, *Le Vite de' più eccellenti pittori, scultori ed architetti italiani,* 2., erweiterte Ausgabe, Florenz 1568.

16 Ebenda.

17 Jacob Burckhardt, *Die Kultur der Renaissance in Italien,* Band I, Leipzig [8]1901, S. 152.

18 Sigmund Freud, *Eine Kindheitserinnerung des Leonardo da Vinci,* Leipzig 1932. – Siehe hierzu auch Michael Worbs, *Nervenkunst. Literatur und Psychoanalyse im Wien der Jahrhundertwende,* Frankfurt am Main 1983, S. 104ff.; Roberto Zapperi, »Geheimnis unentschlüsselt. Freuds Absichten mit Leonardo«, in *Frankfurter Allgemeine Zeitung* vom 30. Dezember 1992.

19 Kurt Robert Eissler, *Leonardo da Vinci. Psychoanalytische Notizen zu einem Rätsel,* Frankfurt am Main 1992.

20 Erich Neumann, »Leonardo und der Mutterarchetyp«, in *Kunst und schöpferisches Unbewusstes,* Zürich 1954.

21 Thomas Ring, *Genius und Dämon. Strukturbilder schöpferischer Menschen,* Freiburg im Breisgau 1980 (mit einem Horoskop Leonardos).

22 Joséphin Péladan, *La dernière leçon de Léonard de Vinci à son académie de Milan,* Paris [3]1904.

23 Paul Vulliaud, *La pensée ésotérique de Léonard de Vinci,* Paris 1945 (Erstdruck circa 191å4).

24 Edouard Schuré, *Les prophètes de la Renaissance,* Paris 1920; deutsche Ausgabe: *Propheten des Humanismus,* übersetzt und herausgegeben von Michael Ladwein, Stuttgart 1991.

25 Die diversen umlaufenden Spekulationen und Gerüchte über angebliche Inkarnationsfolgen Leonardos, die dem Autor bekannt sind, müssen hier unberücksichtigt bleiben. Immerhin war Leonardo offenbar selbst von der persönlichen Wiedergeburt überzeugt, wie ein Satz in seinen Notizbüchern nahe legt: »Lies mich, Leser, wenn ich dir Freude mache, denn sehr selten kehre ich zu dieser Welt zurück« (Codex Madrid).

26 Rudolf Steiner, Vortrag vom 12. März 1913, in *Okkulte Untersuchungen über das Leben zwischen Tod und neuer Geburt* (GA 140), Dornach [2]1970, S. 284.

27 Rudolf Steiner, »Lionardos geistige Größe am Wendepunkt zur neueren Zeit«, in *Ergebnisse der Geistesforschung* (GA 62), Dornach 1960, S. 378.

28 Ebenda, S. 375.

29 Ebenda, S. 372.

30 Zitiert nach Heydenreich.

31 Zitiert nach der zweibändigen Originalausgabe von 1865/1866, neu herausgegeben von Elmar Jansen, Weimar 1966.

32 Heinz Demisch, »Lionardos Abendmahlbild«, in *Die Kommenden,* 7, 1952.

Bibliografie

Arasse, Daniel, *Leonardo da Vinci,* Köln 2002.

Barcilon, Pinin Brambilla, und Pietro C. Marani, *Leonardo. L'ultima Cena,* Milano 1999.

Bertelli, Carlo, »Die Funktionsweise der Natur verstehen und dies in die Malerei übertragen« (Interview), in *Ibykus,* 79, 2002.

Bock, Emil, *Cäsaren und Apostel,* Stuttgart [7]1999.

Bock, Emil, *Das Evangelium. Betrachtungen zum Neuen Testament,* Stuttgart [2]1995.

Brachert, Thomas, »A Musical Canon of Proportion in Leonardo da Vinci's Last Supper«, in *The Art Bulletin,* 4, 1971.

Brown, David Allen (Hrsg.), *Leonardos Last Supper. Precedents and Reflections,* Washington 1983.

Castelfranco, Giorgio, »Leonardo a Milano«, in *Studi Vinciani,* Roma 1966.

Chastel, André, *Leonardo da Vinci. Sämtliche Gemälde und die Schriften zur Malerei,* München 1990.

Clark, Kenneth, und Carlo Pedretti, *The Drawings of Leonardo da Vinci in the collection of Her Majesty the Queen at Windsor Castle,* 2 Bände, London 1968.

Clark, Kenneth, *Leonardo da Vinci,* Reinbek 1969.

Demisch, Heinz, »Lionardos Abendmahlbild«, in *Die Kommenden,* 7, 1952.

Eichholz, Georg, *Das Abendmahl Leonardo da Vincis,* München 1998.

Einem, Herbert von, *Das Abendmahl des Leonardo da Vinci,* Köln 1961.

Eppinger, Heinrich, *Das Geheimnis der Zwölf und die Bedeutung des Dreizehnten,* Freiburg im Breisgau 1977.

Ewertowski, Ruth, *Judas. Verräter und Märtyrer,* Stuttgart 2000.

Feddersen, Hans, *Leonardo da Vincis Abendmahl,* Stuttgart 1975.

Frassineti, P. Mario, et alii, *Santa Maria delle Grazie,* Milano 1998.

Friedenthal, Richard, *Leonardo. Eine Bildbiographie,* München 1959.

Goethe, Johann Wolfgang, »Joseph Bossi über Leonard da Vincis Abendmahl zu Mailand 1810«, in *Über Kunst und Altertum,* I, 3, 1817.

Goethe, Johann Wolfgang, »La Cena, pittura in muro di Giotto« [über den Kupferstich von Taddeo Gaddis (vermeintlich Giottos) *Abendmahl* im Refektorium von Santa Croce, Florenz], in *Über Kunst und Altertum,* V, 1, 1824.

Goldscheider, Ludwig, *Leonardo. Leben und Werk,* Köln 1960.

Herzfeld, Marie, *Leonardo da Vinci. Der Denker, Forscher und Poet,* Leipzig 1904.

Heydenreich, Ludwig H., *Leonardo da Vinci. Das Abendmahl,* Stuttgart 1958.

Heydenreich, Ludwig H., *Leonardo. The Last Supper,* London 1974.

Hoerth, Otto, *Das Abendmahl des Leonardo,* Leipzig 1907.

Hüttel, Richard, *Spiegelungen einer Ruine. Leonardos Abendmahl im 19. und 20. Jahrhundert,* Marburg 1994.

Jaspers, Karl, *Lionardo als Philosoph,* Bern 1953.

Johanson, Irene, *Die drei Jünger Johannes. Stufen christlicher Entwicklung,* Stuttgart 1997.

Krause-Zimmer, Hella, »Das Abendmahl bei Lionardo da Vinci«, in *Das Goetheanum,* 51, 1996.

Kühn, Hermann, »Naturwissenschaftliche Untersuchung von Leonardos ›Abendmahl‹ in Santa Maria delle Grazie in Mailand«, in *Maltechnik Restauro,* 4, 1985.

Ladwein, Michael, »Sinn des Erdendaseins erkennen. Leonardo da Vincis ›Abendmahl‹«, in *Das Goetheanum,* 17/18, 2000.

Last supper, London 2000.

Leonardo da Vinci, *Traktat von der Malerei,* nach der Übersetzung von Heinrich Ludwig neu herausgegeben und eingeleitet von Marie Herzfeld, Jena 1925.

Leonardo. Il cenacolo, Milano 1982.

Lücke, Theodor (Hrsg.), *Leonardo da Vinci. Tagebücher und Aufzeichnungen,* Leipzig 1940.

Marani, Pietro C., *Leonardo. Das Werk des Malers,* München 2001.

Marani, Pietro C., *Il Cenacolo di Leonardo,* Milano 1986.

Marani, Pietro C. (Hrsg.), *Il Genio e le Passioni. Leonardo e il Cenacolo. Precedenti, innovazioni, riflessi di un capolavoro,* Milano 2001.

Mittelstraß, Jürgen, »Leonardo da Vinci«, in *Enzyklopädie Philosophie und Wissenschaftstheorie II,* Stuttgart und Weimar 1995.

Möller, Emil, *Das Abendmahl des Lionardo da Vinci,* Baden-Baden 1952.

Monstadt, Brigitte, *Judas beim Abendmahl,* München 1995.

Müller, Werner, »Neues zu Leonardos Abendmahl«, in *Das Werk,* 19, 1932.

Naumann, Francis M., »The ›costruzione legittima‹ in the Reconstruction of Leonardo da Vinci's ›Last Supper‹, in *Arte Lombarda,* 52, 1979.

Pedretti, Carlo, *Leonardo da Vinci, Architekt,* Stuttgart 1980.

Pelikan, Wilhelm, *Lebensbegegnung mit Leonardos Abendmahl,* Dornach 1988.

Perrig, Alexander, »Der Renaissance-Künstler als Wissenschaftler«, in *Funkkolleg Kunst,* 1985.

Reti, Ladislao, *Leonardo. Künstler, Forscher, Magier,* München 1990.

Rossi, Marco, und Alessandro Rovetta, *Il Cenacolo di Leonardo. Cultura domenicana, iconografia eucaristica e tradizione lombarda,* Milano 1988.

Salleck, Leonhard, *Der Schlüssel. Geheime Botschaften in Leonardo da Vincis Abendmahl,* Wolnzach 2004.

Schäfer, Karl Th., »Das Abendmahl des Leonardo da Vinci«, in *Festschrift für Herbert von Einem,* Berlin 1965, S. 212ff.

Schmidt, Maria, »Konferenztechnik und Leonardos Abendmahl«, in *Das Goetheanum,* 38, 1968.

Schneider, Marianne, *Leonardo da Vinci. Eine Biographie in Zeugnissen, Selbstzeugnissen, Dokumenten und Bildern,* München 2002.

Schulz, Georg Friedrich, *Leonardo,* München 1976.

Schulz-Hoffmann, Carla (Hrsg.), *Andy Warhol. The Last Supper,* Ausstellungskatalog, München 1998.

Seidlitz, Woldemar von, *Leonardo da Vinci,* Wien 1935.

Steinberg, Leo, »Leonardo's Last Supper«, in *The Art Quarterly,* 4, 1973 (Neuausgabe: *Leonardo's Incessant Last Supper,* New York 2001).

Steiner, Reinhard A., *Theorie und Wirklichkeit der Kunst bei Leonardo da Vinci,* München 1979.

Steiner, Rudolf, Vorträge vom 7. und 14. November 1911 (GA 132), 13. Februar 1913 *(Lionardos geistige Größe am Wendepunkt zur neueren Zeit;* GA 62), 12. März und 10. Oktober 1913 (GA 140), 8. Oktober und 8. November 1916 (GA 292), 7. Mai 1920 (GA 301), 11. Juli 1920 (GA198), 1. Oktober 1921 (GA 343), 25. Dezember 1921 (GA 209), 27. August 1922 (GA 214), in der Gesamtausgabe (GA) der Werke im Rudolf Steiner Verlag, Dornach.

Uehli, Ernst, *Leonardo, Michelangelo, Raffael und die geistig-kulturellen Grundlagen der italienischen Renaissance,* Dornach 1967.

Wachsmuth, Guenther, »Leonardo da Vinci zwischen Geist und Natur«, in *Bilder und Beiträge zur Mysterien- und Geistesgeschichte der Menschheit,* Dresden 1938.

Wallace, Robert, *Leonardo da Vinci und seine Zeit. 1452–1519,* Amsterdam 1968.

Wassermann, Jack, »Reflections on the Last Supper of Leonardo da Vinci«, in *Arte Lombarda,* 66, 1983.

Wehr, Gerhard, »Die zwölf Erwählten des Christus«, in *Die Kommenden,* 10, 1967.

von Wistinghausen, Kurt, *Der verborgene Evangelist. Studie zur Johannes-Frage,* Stuttgart 1983.

Zibaldone. Zeitschrift für italienische Kultur der Gegenwart, 7, 1989 (Interview mit Pinin Brambilla Barcilon).

Zöllner, Frank, *Leonardo da Vinci. Leben und Werk, Gemälde und Zeichnungen,* Köln 2003.

Über den Autor

Michael Ladwein, Kunsthistoriker und Religionswissenschaftler, ist tätig als Studienreiseleiter, Autor und Übersetzer. Buchveröffentlichungen: *Chartres. Ein Führer durch die Kathedrale* und *Raffaels Sixtinische Madonna*.
Weitere Informationen unter www.ladwein-reisen.de.

Bildnachweis

Manfred Christ, Besigheim (Abb. 34, 45, 46, 48, 50, 52)
© Mondadori Electa, Milano (Umschlag, Abb. 11, 35, 37, 39, 40, 43, 51, 56, 58)
© 2004 Photo SCALA, Florence (Abb. 19, 20)
Rosalinde Weber-Hohengrund (Abb. 67)

Wenn nicht anders bezeichnet, stammen die abgebildeten Kunstwerke von Leonardo da Vinci.